# 니체,
## 평준화 교육에 반대하다

프리드리히 니체 지음   정명진 옮김

# 니체, 평준화 교육에 반대하다

| | |
|---|---|
| **초판 1쇄 발행** | 2016년 12월 15일 |
| **원 제** | On the Future of Our Educational Institutions |
| **지은이** | 프리드리히 니체 |
| **옮긴이** | 정명진 |
| **펴낸이** | 정명진 |
| **디자인** | 정다희 |
| **펴낸곳** | 도서출판 부글북스 |
| **등록번호** | 제300-2005-150호 |
| **등록일자** | 2005년 9월 2일 |
| **주소** | 서울시 노원구 공릉로63길 14, 101동 203호(하계동, 청구빌라) |
| | 01830 |
| **전화** | 02-948-7289 |
| **전자우편** | 00123korea@hanmail.net |
| **ISBN** | 979-11-5920-049-6 03100 |

On the Future of Our Educational Institutions

# 니체,
## 평준화 교육에 반대하다

프리드리히 니체 지음  정명진 옮김

## 머리말

*이 글 자체는 강연과 무관할지라도, 강연 내용을 읽기 전에 먼저 이 글을 읽어주길 바란다.*

내가 기대하는 독자는 세 가지 조건을 갖춰야 한다. 차분히 서두르지 않고 글을 읽어야 하고, 자기 자신과 자신의 "문화"가 독서를 방해하도록 내버려 뒤서도 안 된다. 또 이 책을 읽고 마지막에 구체적인 결과나 도표, 그래프 혹은 공식 같은 것을 얻을 것이라는 기대를 품어서도 안 된다.

나는 김나지움(Gymnasium: 독일의 중등 교육기관으로,

학생들이 대학에서 학문을 탐구하는 데 필요한 능력을 배양하도록 하는 것이 목적이다. 우리로 치면 인문계 고등학교와 비슷하다/옮긴이)이나 레알슐레(Realschule: 실업계 중등 교육기관을 말한다/옮긴이)를 위해 새로운 공부 계획이나 원칙 같은 것을 제시하지 않을 것이다. 진실을 말하자면 이렇다. 나는 경험적인 문제들을 다루는 아래쪽에서부터 특별한 문화적 문제들을 다루는 높은 곳까지 두루 다 조사한 다음에 다시 아래로 내려가 무미건조한 규칙과 공식을 다듬어내는 사람들의 비범한 능력에 그저 경탄할 따름이다. 나는 단지 꽤 높은 산에 올라간 다음에 거기 정상에 서서 호흡을 가다듬으며 아래의 풍경을 한눈에 감상할 수만 있으면 그것으로 만족한다. 그렇기 때문에 나는 깔끔한 공식 같은 것을 숭배하는 사람들의 욕구를 결코 충족시키지 못할 것이다.

정말로, 나는 교육을 완전히 새롭게 정화하기 위해 고민하는 진지한 사람들이 다시 그런 교육을 책임지는 날이 오기를 고대하고 있다. 그런 날이 오면 그들도 아마 새로운 도표와 규칙들을 다시 다듬어낼 것이다. 하지만 지금으로선 그런 날이 아주 요원할 것 같다. 그날이 오기 전에 얼마나 더 많은 일들이 벌어져야 할 것인지! 지금부터 그날 사이에, 모든 김나지움, 심지어 모든 대학까지 파괴될 수도 있을 것이다. 아니면 김나지움이나 대학교의 개편이 너무나 완벽하게 마무리되는 탓에 이 교육기관들이 가졌던 차트나 도표들이 미래 세대의 눈에는 마치 혈거인 시대의 유물처럼 보일 수도 있을 것이다.

이 책은 차분한 독자들을 위한 책이다. 말하자면 왁자지껄하게 소란을 떨며 허둥대는 이 시대의 조급증에 휘둘리지 않고, 또 자신이 이 시대의 바퀴에 으깨어지는 데서 맹목적으로 쾌락을 느끼지 않는 그런 사람들을 위한 책이다. 그러므로 이 책은 모든 것들의 가치를 그것이 절약하거나 낭비한 시간의 양을 기준으로 평가하는 데 익숙하지 않은 사람들을 위한 책이다. 한마디로, 이 책은 소수의 사람들을 위한 책이다. 이 소수의 사람들에겐 "여전히 시간이 있다"고 나는 믿는다. 그들은 교육의 미래를 놓고 깊이 고민하는 일로 자신의 하루 중에서 가장 생산적이고 활동적인 시간을 보내면서도 양심의 가책을 전혀 느끼지 않을 것이다. 그들은 심지어 밤이 되면 그런 일로 보낸 하루를 더없이 고귀하고 유익한 방향으로 보냈다며 뿌듯해할 것이다. 그런 사람들 중에는 깊이 생각하면서 책을 읽는 방법을 망각한 사람이 하나도 없다. 그들은 행간을 읽는 비결을 잘 이해하고 있으며 배움에 관한 한 아주 관대하다. 그들은 자신이 예전에 읽었던 내용에 대해서도, 아마 책장을 덮은 지 아주 오래된 책의 내용에 대해서도 지속적으로 생각할 것이다. 그들이 이런 식으로 책을 읽는 이유는 그 책에 대한 서평을 쓰거나 책을 쓰기 위해서가 아니라 단지 깊은 고찰이 아주 유쾌한 오락이기 때문이다. 천박한 낭비가 아니냐고? 절대로 그렇지 않다.

이 책을 든 당신은 나의 가슴을 따르는 한 사람의 독자이다. 왜냐하면 나 자신이 추구하고 있는 목표를 명확히 보여주지 않은 상황에서도 당신은 나를 어디든 동행하려 할 만큼 인내심을 발휘할 것이기 때문이다. 이때도 실은 저자인 나는 미래 세대가, 어쩌면 아주 먼 미래 세대가 지금 우리가 맹목적으로, 또 본능적으로 더듬어 찾고 있는 것을 누릴 수 있도록 하기 위해 어떤 목표를 굳게 믿고 있다. 만약에 어떤 독자라도 이 책을 읽고 나서 필요한 것이라곤 즉시적이고 대담한 개혁뿐이라고 주장하거나, 국가가 새로운 "조직"을 제시하는 것이 급선무라는 식으로 결론을 내린다면, 그 독자는 저자의 뜻을 잘못 이해했을 뿐만 아니라 지금 고려되고 있는 문제의 본질까지 오해하고 있다고 보면 된다.

가장 중요한 조건은 어떠한 경우라도 독자가 대부분의 현대인들이 하는 것처럼 모든 것을 판단할 올바른 기준과 척도로 자기 자신이나 자신의 "문화"를 제시하지 않는 것이다. 이 책의 독자는 자기 자신의 교육에 대해 하찮게 여길 줄 알고 더 나아가 자신의 교육을 경멸할 줄도 알 만큼 충분히 교양이 있어야 한다. 그러면 독자는 저자인 나의 안내를 전적으로 신뢰할 수 있을 것이다. 왜냐하면 이 책의 저자가 독자에게 다가서는 방법은 독자가 이 주제에 대해 무지하다는 점을 전제로 하고 있기 때문이다. 마지막으로, 나는 독자 여러분이 현재 독일 사회를 지배하고 있는 야만의 특별한 성격을, 말하자면 19세기의 야만인이 다른 시대의 야만인과 다른 점을 충분히 알고 있을 것이라고 기대하고 있다.

이 책을 손에 든 채, 저자인 나는 나와 비슷한 감정을 느끼며 이곳저곳을 떠돌고 있는 사람들을 찾고 있다. 당신이 그런 사람이라면, 당신의 모습이 발견되는 것을 허용하도록 하라. 나는 당신 같은 외로운 사람들이 존재한다고 믿고 있다. 독일 정신의 타락으로 힘들어 하고 있는 이타적인 당신을! 사물의 표면만을 보지 않고 사물의 깊은 핵심까지 꿰뚫어보는 깊은 안목을 가진 사려 깊은 당신을! 아리스토텔레스(Aristotle)가 위대한 명예나 영광스런 일이 요구되지 않는 한 평생 느긋하고 우유부단하게 산다고 칭송한 고매한 사상가인 당신을! 내가 소리쳐 찾고 있는 사람들은 바로 그런 당신이다. 제발 이번에는 뒷걸음질쳐 고독과 불신의 동굴로 들어가는 일이 없도록 하라! 일단 이 책의 독자가 되어라. 그런 다음에 행동을 취하면서 이 책을 파괴해도 좋고 망각해도 좋다. 이 책을 당신의 전령으로 여겨라. 당신 자신이 갑옷을 걸치고 몸소 전쟁터에 나서기만 하면, 누가 당신을 일깨워준 전령을 돌아보면서 흐뭇한 표정을 짓지 않을 수 있겠는가?

**들어가는 말**

강연에 붙인 제목, 즉 '우리의 교육기관의 미래에 대해서'
(On the Future of Our Educational Institutions)는 당연히 최
대한 명료하고 선명해야 한다. 그것이 모든 제목의 의무이
다. 그러나 나는 지금 이 제목이 초점을 과도하게 좁히고 있
고, 따라서 지나치게 짧고 또 지나치게 불명확하다는 사실을
깨닫고 있다. 그래서 나는 여러분에게 강연의 제목과 강연의
목적에 대해 설명하는 것으로 강연을 시작해야 하고, 필요하
다면 양해를 구해야 한다.

 우리의 교육기관의 미래에 대해 강연을 하기로 약속했을

때, 나는 특별히 스위스 바젤의 교육기관을 염두에 두지 않았다. 바젤의 교육기관이 나의 전반적인 주장과 종종 완벽하게 들어맞는다 할지라도, 나는 바젤의 교육기관을 바탕으로 주장을 펴는 것이 아니며 따라서 만약에 나의 주장이 그런 식으로 받아들여진다면 그에 대한 책임을 지고 싶지 않다. 바젤에선 나 자신이 이방인이고, 경험이 아주 부족하고, 지방의 환경에 뿌리를 거의 내리지 못한 탓에 이곳의 구체적인 교육 상황에 대한 판단을 적절히 내릴 수 없는 입장이기 때문이다. 그러기에 이곳의 교육기관의 미래에 대해 자신 있게 말한다는 것은 더더욱 말이 되지 않는다. 나는 지금 대단히 관대한 정책으로 시민들의 문화와 교육을 촉진시키면서 다른 큰 도시들을 부끄럽게 만들고 있는 한 도시 공화국에서 강연을 하고 있다. 분명히, 문화와 교육을 위해 많은 노력을 펴고 있는 이곳의 사람들은 문화와 교육에 대한 생각도 더 많이 하고 있다고 가정해도 크게 틀리지 않을 것이다. 나는 바젤의 분위기가 그럴 것이라고 기대하고 있다. 그런 희망이 이 강연에 전제되어 있다. 그래서 나는 교육과 문화의 문제에 대해 많이 생각할 뿐만 아니라 자신들의 권리로 인식하고 있는 원칙들을 행동으로 뒷받침할 준비가 되어 있는 청중과 지적 교류를 할 수 있기를 바란다. 강연 주제의 범위와 나에게 주어진 짧은 시간을 고려할 때, 나를 이해할 수 있는 청중은 이런 사람들이다. 말하자면, 내가 단순히 암시하는 선에서 그치는 것도 충분히 이해함과 동시에 여백으로 남긴 부분까지 채울 수 있는 사람들이다. 요컨대 가르침을 필요로 하는 사람들이 아니라 힌트만 주기만 하면 되는 그런 사람들이 나의 강연을 이해할 수 있다는 뜻이다.

그러므로 여러분은 내가 바젤의 학교와 교육 정책에 대한 조언을 일방적으로 제시할 것으로 기대해서는 안 된다. 나는 다양한 문화권에서 이뤄지고 있는 교육과 교육 방법의 미래에 대한 이야기는 더더욱 하지 않을 것이다. 그처럼 엄청나게 넓은 지평 앞에 서면 나의 시야는 금방 초점을 잃고 말 것이다. 뭔가 너무 가까이 있을 때 초점이 흐려지는 것과 똑같다. 그렇다면 내가 "우리"의 교육기관이라고 할 때 그 뜻은 구체적으로 바젤의 교육기관을 뜻하는 것도 아니고 현재 수많은 나라의 도시에 있는 그런 교육기관을 뜻하는 것도 아니다. 그 표현은 스위스에서도 채택하기를 원하는 독일의 교육기관을 뜻한다. 우리의 관심을 끌고 있는 것은 바로 이 교육기관의 미래이다. 말하자면 독일의 폴크스슐레(Volksschule: 독일의 공립 초등학교를 말한다/옮긴이)와 레알슐레, 김나지움, 대학의 미래인 것이다.

여기서 어떠한 비교나 가치 판단도 유보하고, 독일의 상황이 다른 나라의 상황에 비하면 모범적이라거나 탁월하다는 따위의 달콤한 착각에 빠지지 않도록 특별히 신경을 쓰도록 하자. 진실을 말하자면, 이 학교들은 어디까지나 우리의 학교라는 점이다. 우연히 우리 문화의 일부가 된 것도 아니고, 우리에게 제복처럼 그냥 걸쳐져 있는 것도 아니라는 뜻이다. 흘러간 세대의 골동품처럼 중요한 문화적 흐름이 살아 숨쉬는 기념물로서, 학교들은 우리를 우리 민족의 과거와 연결시켜준다. 본질적으로, 학교들은 아주 신성하고 존경스런 유산이다. 그렇기 때문에 학교들의 미래에 대해 논할 때 나는 단지 학교들을 탄생시킨 이상적인 정신에 최대한 가까이 다가서려고 노력할 뿐이다. 우리가 시대의 흐름에 맞춘다는 명분 아래 학교에 가한 많은 변화들이 대개 학교를 처음 설립할 때 보였던 그 고매한 욕망으로부터 일탈하는 것이고 퇴보하는 것이라고 나는 굳게 믿고 있다. 이런 측면에서 본다면, 내가 미래에 감히 바라는 것은 독일 정신의 재생과 부활, 정화이다. 모든 것에 영향을 미치는 독일 정신의 부활을 통해서, 교육기관도 마찬가지로 이 정신 안에서 다시 태어나게 될 것이다. 그런 재탄생의 과정을 거치고 나면, 교육기관들은 전통 깊으면서도 새로운 모습을 보이게 될 것이다. 반면에 오늘날의 교육기관들은 기껏해야 현대적이고 최신식이라는 주장만 할 수 있을 뿐이다.

독일 정신의 부활이라는 이 희망만을 가슴에 깊이 간직한 채, 나는 우리의 교육기관의 미래에 대해 말할 것이다. 바로 이것이 내가 나 자신에 대한 변명으로 제시하고 싶은 두 번째 사항이다. 예언자가 되기를 바라는 것보다 더 건방진 일은 없다. 그러기에 예언자가 될 의도가 전혀 없다는 뜻을 선언하는 것도 그 자체로 우스꽝스럽게 들릴 뿐이다. 미래의 문화가 현재 이미 어느 정도 존재하고 있다는 사실이 증명되지 않거나 이미 나타나고 있는 미래의 문화를 학교와 다른 교육기관에 시급히 퍼뜨릴 목적이 아니라면, 어느 누구도 우리 문화의 미래나 교육 수단과 교육 방법의 미래에 대해 예언하려 해서는 안 된다. 고대 로마 시대에 제물로 바쳐진 동물의 창자를 근거로 미래를 내다보던 점쟁이처럼, 여기서 나는 단지 현재의 내장을 바탕으로 미래를 예측하고 싶다. 우리의 교육기관의 미래를 점치는 일이라면, 지금 당장엔 인기도 없고 존경도 받지 못하고 널리 퍼져 있지도 않을지라도 이미 존재하고 있는 어떤 교육적 경향이 최종적으로 승리를 거둘 것이라고 예측하는 것에 지나지 않는다. 그러나 이 경향이 최종적으로 승리를 거둘 것이라고 나는 자신 있게 말할 수 있다. 왜냐하면 그것이 가장 위대하고 가장 강력한 동맹인 자연을 동맹으로 갖고 있기 때문이다. 물론 우리의 현대적 교육 방법의 전제들 중 많은 것이 실제로 부자연스럽다는 점을 부정하지 않는다. 또 오늘날 교육기관들이 경험하고 있는 재앙에 가까운 실패가 전적으로 이런 부자연스런 방법과 관계있다는 점도 부정하지 않는다.

우리는 현재 상황에 아주 편안한 마음을 느끼며 현재의 조건을 '자명한' 것으로 여기는 사람들을 부러워하지 않는다. 그들이 그런 믿음을 갖게 된 것도 부럽지 않고, 오늘날 듣기 거북함에도 지적인 표현으로 널리 쓰이고 있는 '자명하다'라는 단어도 부럽지 않다. 이와 반대로 문화가 타락하고 있다고 결론을 내리고 이미 절망에 빠져 있는 사람들은 더 이상의 싸움을 원하지 않고 있다. 그런 사람도 고립과 고독에 굴복하도록 그냥 내버려두라. 그러나 "자명하다"라는 표현을 입에 달고 사는 사람들과 외로이 고독하게 지내는 사람들 사이의 어딘가에 투사들이 서 있다. 미래에 대한 희망으로 넘치는 사람들 말이다. 괴테(Johann Volfgang Goethe)가 프리드리히 실러(Friedrich von Schiller)의 죽음을 애도하며 쓴 '실러의 종의 노래의 에필로그'(Epilogue To Schiller's Song Of The Bell)에서 묘사한 바와 같이, 가장 고귀하고 가장 강력한 투사의 예를 우리는 위대한 실러에서 확인한다.

지금까지 내가 말한 바를 이 책의 서문 비슷한 것으로 받아주길 바란다. 단순히 강연 제목에 대해 설명하고, 이 제목을 혹시 생길지도 모르는 오해와 부당한 비판으로부터 보호하기 위한 변명으로 봐주길 바란다는 뜻이다. 이제 제목에 관한 이야기에서 벗어나 본론으로 들어가기 전에 나의 생각을 열어젖힐 문으로 나 자신이 우리의 교육기관을 판단하는 바탕이 될 전반적인 견해에 대해 피력하고 싶다. 여기 문 앞에서는 아주 명료하게 다듬어진 논지가 가문의 문장(紋章)처럼 거기에 가까이 다가오고 있는 모든 사람들에게 그곳이 누구의 집이고 누구의 사유지인지를 명쾌하게 알려줄 수 있어야 한다.

나의 논지는 이렇다.

원래 지금과 완전히 다른 바탕 위에 세워진 우리의 교육기관은 현재 두 가지 경향에 지배되고 있다. 이 경향들은 분명히 서로 상반되어 보이지만 그 효과 면에서 보면 똑같이 파괴적이며 마지막엔 결과에서 서로 결합한다. 한 경향은 교육을 최대한 확장하려는 충동이고, 다른 한 경향은 교육을 좁히고 약화시키려는 충동이다. 첫 번째 경향은 교육과 문화를 무한히 확장하려 들고, 두 번째 경향은 교육의 자율권을 포기하고 교육을 또 다른 삶의 형식인 국가에 종속시키기를 바라고 있다. 과도한 확장과 동시에 약화를 꾀하고 있는 이런 재앙적인 경향들을 감안한다면, 사람들이 교육기관의 현실에 쉽게 절망하는 것도 충분히 이해가 된다. 이 경향들에 맞서고 있는 두 개의 힘이 최종적으로 승리를 거두도록 돕지 않는다면, 절망을 피할 길이 없다. 재앙적인 경향에 맞서고 있는 이 힘들은 철저히 독일적이며 미래의 약속을 가득 담고 있다. 교육을 제한하고 집중시키려는 운동과 교육을 자립적이고 강하게 만들려는 운동이 바로 그 힘들이다. 교육을 집중시키려는 운동은 교육을 끝없이 확장시키려는 경향에 제동을 걸 수 있고, 교육을 강하게 만들려는 운동은 교육을 약화시키려는 경향에 제동을 걸 수 있다. 이 운동들이 최종적으로 승리를 거둘 것이라는 우리의 믿음을 뒷받침하는 것은 두 가지 경향, 즉 교육의 확장과 약화가 불변하는 자연의 의도에 반한다는 점이다. 소수를 위해 교육을 집중하는 것이 자연과 조화를 이루고 또 그것이 진리이기 때문이다. 반면에 교육을 확장하고 약화시키려는 경향은 오직 거짓 문화만을 낳을 뿐이다.

# 차례

**1강**

———

**(1872년 1월 16일)**

오늘 여러분이 나와 함께 깊이 생각하기로 한 주제는 너무나 중요하고 또 어떤 의미에서 보면 너무나 심각하기 때문에 이 주제에 대해 무엇인가를 가르쳐주겠다고 약속하는 사람이 있으면 나 자신도 여러분처럼 그 사람의 말에 귀를 기울이고 싶다. 자신의 능력으로 이 주제에 대해 충분히 만족스러운

---

니체는 1869년 1월 24세의 나이로 스위스 바젤 대학에 교수직을 얻었다. 고전 문헌학이었다. 대학에서 한 주에 8시간 강의하고, 현지 김나지움에서 한 주에 6시간 가르친다는 조건이었다. 니체는 강단에 서면서 금방 교육계의 현실에 회의를 느꼈다. 독일 교육제도의 문제점을 적나라하게 보여줄 계획으로, 그가 1872년 바젤의 한 박물관에서 다섯 차례 한 강연을 묶은 것이 이 책이다.

22

설명을 제시할 수 있는 사람이라면, 그 사람이 아무리 나이가 적어도, 또 그 사람의 아이디어가 겉보기에 아무리 부적절해 보여도 그런 건 나에게 전혀 중요하지 않다. 이 주제에 적절한 대답을 내놓을 수 있는 사람이라면, 어쨌든 그 사람은 아마 우리의 교육기관의 미래라는 이 심각한 문제의 진실에 대해 무엇인가를 들었을 것이다. 그 사람이 전하길 원하는 것도 바로 그런 진실일 수 있다. 아니면 그 사람은 미래를 내다보는 안목이 탁월한 선생들을 두는 행운을 누리고 있을 수도 있다. 고대 로마 시대에 창자점을 치던 점쟁이처럼 현재의 '창자'를 바탕으로 미래를 예측하는 안목이 탁월한 선생들을 모시고 있을 수도 있는 것이다.

내가 여러분에게 제시하는 것도 일종의 창자점에 해당한다. 언젠가 조금은 특별하긴 했지만 기본적으로 순수한 여러 상황들이 우연히 함께 작용한 덕에, 나는 아주 훌륭한 남자 두 사람이 바로 이 주제를 놓고 서로 대화하는 것을 엿들을 수 있었다. 두 사람이 이 문제에 접근하면서 제시한 주장들이 나의 기억에 얼마나 강하게 남아 있는지, 나는 교육의 미래에 대해 고민할 때면 언제나 그들의 사고와 비슷한 길을 따르는 방법 외에 달리 선택이 없다는 사실을 깨닫게 된다. 다른 점이 있다면 그들이 내가 엿들을 수 있는 거리 안에서 보여준 그 용기와 확신이 나에겐 없다는 점이다. 정말 놀랍게도, 두 사람은 금기시되었던 진실을 선언하고, 거기서 한 걸음 더 나아가 자신들의 희망까지 피력하고 있었다. 그들의 대화는 기록으로 남길 가치가 충분하다고 나는 생각했다. 그러면 다른 많은 사람들도 그들의 놀라운 견해와 선언에 대해 각자 나름대로 판단을 내릴 수 있을 것이라는 생각에서였다. 여러 가지 이유들로, 나는 지금 이 강연이 이 두 사람의 대화를 기록으로 남길 수 있는 적절한 기회라고 믿고 있다.

우선, 보다 많은 사람들이 생각하고 고민할 계기를 제공할 목적으로 두 사람의 대화를 공개하려고 하는 이곳이 어떤 곳인지를 나 자신이 잘 알고 있다는 점이다. 이곳은 시민들의 문화와 교육을 증진시키기 위해서 대단히 관대한 정책을 실시하고 있는 도시 공화국이다. 문화와 교육을 증진시키려는 정책의 규모는 다른 큰 도시들을 부끄럽게 만들 정도이다. 문화와 교육을 위해 아주 많은 노력을 펼치고 있는 이곳에선 당연히 문화와 교육에 대한 생각도 더 깊을 것이라고 단정해도 틀린 말이 아닐 것이다. 나의 뜻을 충분히 이해시키는 유일한 방법은 내가 엿들은 그날의 대화를 여러분에게 그대로 들려주는 것이다. 하나를 들으면 열 가지를 짐작하고, 뼈대만 전하면 살점을 붙일 줄 아는 사람들에게, 한마디로 말해 가르침이 아니라 힌트만 필요한 사람들에게 이 대화는 아주 진솔하게 다가올 것이다.

그러면 지금부터 여러분에게 정말 순수했던 나의 조우에 대한 이야기와 아직까지 이름을 밝히지 않은 두 사람 사이에 오갔던 진지한 대화에 관한 이야기를 들려주겠다.

여기서 우리 모두가 젊은 학생의 입장으로 돌아간다고 상상해 보자. 말하자면 갈피를 잡지 못할 만큼 무분별하고 혼란스런 지금 시대에는 거의 불가능한 그런 입장으로 돌아간다고 상상해 보자.

　매 순간에, 혹은 전반적인 시대의 흐름에 그런 식으로 걱정없이 편안한 마음으로 무관심한 것도 가능하다는 점을 믿기 위해선 그런 상황을 살아보는 것도 필요하다.

　그런 상황에서 나와 동갑내기인 나의 친구는 라인 강변에 위치한 본 대학에서 1년을 보냈다. 계획이나 목적이 전혀 없었으며, 미래에 대한 걱정까지 놓은 상태에서 시간을 보내고 있던 중이었다. 지금 돌이켜보면 그 1년은 마치 불면의 밤들이 이어지는 가운데 잠깐 꾸는 꿈처럼 아주 달콤하게 느껴지는 시기였다.

　그때 나의 친구와 나는 차분하고 평화롭게 지냈다. 당연히 주변에는 우리의 성향과 다른 동료들이 많았다. 또 우리 또래의 젊은이들이 지나치게 조숙한 행동으로 우리를 압박하고 불편하게 만들었던 것도 사실이다. 그래도 우리는 그런 일 따위에는 전혀 관심을 두지 않았다. 그러나 그때 우리가 주변의 힘들에 맞서 취했던 입장을 돌이켜볼 수 있게 된 지금, 나는 그 힘들을 꿈속에서 가끔 경험하는 억제와 연결시키지 않을 수 없다. 예를 들어, 당신은 날아갈 수 있다고 생각하고 또 하늘 높이 날려고 하는데도 말로 설명할 수 없는 무엇인가가 당신을 잡아당기는 것 같은 그런 느낌으로 다가온다는 뜻이다. 나의 친구와 나는 이제 막 빠져나온 그 불면의 터널이 처음 시작되던 때부터, 그러니까 김나지움 때부터 많은 기억을 공유했다. 나는 그런 기억들 중 하나를 여기서 상세히 묘사해야 한다. 왜냐하면 그 기억이 내가 여러분에게 들려주고자 하는 그 우연한 조우로 이어졌기 때문이다.

김나지움에 다니던 어느 해 여름 끝자락의 어느 날 라인강을 여행하는 길에, 나는 어떤 계획을 세웠다. 그런데 정말 묘하게도 나의 친구도 별도로 나와 똑같은 계획을 떠올리고 있었다. 거의 똑같은 곳에서 거의 똑같은 시간에, 우리 두 사람은 거의 똑같은 계획을 세우고 있었던 것이다. 그 우연이 얼마나 신기하게 여겨졌던지, 나의 친구와 나는 그 계획을 반드시 실행에 옮겨야 한다는 의무감을 강하게 느끼게 되었다. 그래서 우리는 학교 친구 몇 명과 함께 작은 클럽을 결성하기로 마음을 먹었다. 문학적 및 예술적 포부를 위해 스스로 어떤 의무를 지는 그런 조직이었다.

간단히 말하면, 클럽 구성원들은 예외 없이 매달 시나 에세이, 설계도, 작곡을 한 편씩 의무적으로 제출하게 되어 있었다. 그러면 다른 학생들이 작품에 대해 솔직하고 우정 어린 비평을 했다. 우리는 이런 식으로 진행되는 상호 감독이 자기 수양의 욕구를 자극함과 동시에 그 욕구를 일정 범위 안에 묶어둘 것이라고 생각했다. 우리의 계획은 성공이었다. 예상을 훌쩍 뛰어넘는 성공이었기에, 그 이후로 그 아이디어를 떠올린 때와 장소를 생각할 때면 언제나 감사의 마음과 심지어 존경의 감정까지 생겨났다.

나의 친구와 나는 곧 이 같은 감정을 적절히 기념할 형식을 떠올리게 되었다. 우리 둘은 서로 나란히 앉아 생각에 잠겼던, 롤란트체크 근처의 호젓한 그곳을 여름이 끝날 무렵에 가능한 한 해마다 찾기로 결심했다. 우리 둘이 어느 순간에 약속이나 한듯이 똑같은 영감을 떠올렸던 그곳을 말이다. 솔직히 말하면, 우리는 클럽을 결성하면서 정한 규칙을 그다지 엄격하게 지키지 않았다. 그러나 몇 차례 규칙을 지키지 않아 양심의 가책을 느끼고 있던 차에, 본에서 공부하며 보내게 된 그 해에 우리는 그곳을 다시 찾아 그때의 전율을 한 번 더 느끼기로 마음을 먹었다. 당시 우리는 라인강 근처에서 살고 있었다. 그 날이 오면, 롤란트체크 근처의 그곳을 찾아 의식을 경건하게 치를 계획이었다.

그런데 이 계획을 실행하는 것이 결코 쉽지 않았다. 규모가 크고 또 놀길 좋아하는 학생 클럽이 우리 둘이 몰래 빠져나가지 못하도록 극구 방해를 했기 때문이다. 친구들은 우리 두 사람을 꼼짝 못하게 묶어 놓으려고 온갖 방법을 다 동원했다. 우리 클럽은 회원들이 서로 간의 우정을 돈독히 하고 또 멋진 추억을 안고 고향으로 돌아가도록 하기 위해 학기가 끝날 때쯤 롤란트체크로 여행을 계획했다. 축제 분위기의 떠들썩한 여행이 될 터였다. 그런데 그 날짜가 공교롭게도 나의 친구와 내가 우리의 성지를 찾기로 한 바로 그날이었다.

평소의 기후를 기준으로 하면, 그날은 늦여름에 기대할 수 있는 최고의 날씨였다. 하늘과 땅은 서로 평화롭게 조화를 이루고 있었고, 여름 끝자락의 햇살의 따스함과 가을 초입의 선선함이 멋지게 결합하고 있었으며, 푸른 하늘이 무한히 펼쳐지고 있었다. 더없이 화려하고 환상적인 복장을 한 우리 일행은 우리를 축하하기 위해 꽃 장식을 하고 갑판에 클럽의 깃발까지 꽂은 증기선에 올랐다. 우리의 부탁에 따라, 라인강 양쪽 강변에서 일정한 간격을 두고 축포 소리가 들려왔다. 강변에 사는 사람들, 특히 롤란트체크에 있는 우리의 호스트에게 우리가 다가가고 있다는 사실을 알리기 위해 사전에 합의한 신호였다.

나는 부두에서부터 호기심 자극하는 들뜬 도시를 가로질러 떠들썩하게 벌였던 행진에 대한 묘사는 피할 것이다. 우리가 즐겨 했던 농담이나 놀이에 대한 설명도 배제할 것이다. 모든 사람이 다 우리의 농담과 놀이를 이해하지는 못할 테니까. 갈수록 활기를 띠면서 좀 난폭해진다는 느낌을 주었던 식사 시간에 대한 묘사도 생략하고, 클럽의 회원 모두가 솔로나 단체로 참여해 정말 멋있게 꾸몄던 뮤지컬 작품에 대한 설명도 생략할 것이다. 클럽의 음악 담당으로서 나 자신이 리허설을 주도하고 감독까지 한 작품이지만 말이다. 뮤지컬이 클라이맥스로 치달으면서 리듬이 점점 더 빨라지고 혼란스런 분위기가 고조되는 가운데, 나는 친구에게 신호를 보냈다. 마지막 멜로디가 연주되는 순간, 우리 둘은 문을 열어젖히고, 모두가 뒤죽박죽 뒤섞여 혼란스런 연옥을 연출하고 있는 현장을 뒤로하고 도망쳤다.

순간, 상쾌한 자연의 고요가 우리를 휘감았다. 그림자는 이미 길어져 있었다. 태양은 하늘에 낮게 걸린 채 빛을 발하고 있었다. 반짝거리는 강의 초록색 수면에서 불어오는 부드러운 미풍이 상기된 우리의 얼굴을 간질였다. 우리가 추억의 순례 의식을 치르게 되어 있던 시간은 저녁 늦은 시간이었다. 그래서 우리는 그날의 마지막 밝은 순간을 당시에 우리 둘이 개인적으로 심취해 있던 취미를 즐기며 보내기로 마음을 먹었다.

나의 친구와 나는 사격을 대단히 좋아했다. 그 덕에 훗날 군 복무를 할 때에는 사격이 그다지 어렵지 않았다. 클럽의 일꾼은 우리가 사격을 하고 싶어 하는 곳을, 그러니까 멀리 떨어진 산속 높은 곳을 잘 알고 있었던 터라 그곳에 권총을 우리보다 먼저 갖다 놓았다. 우리가 사격을 할 곳은 롤란트 체크 뒤쪽 산등성이에 있었다. 울퉁불퉁하고 자그마한 고원 같은 곳이었다. 우리가 클럽 결성이라는 아이디어를 처음 떠올렸던 곳에서 꽤 가까운 곳이었다. 한쪽은 나무가 우거진 언덕이었으며, 자그마한 빈터가 있고 또 나무와 관목 사이로 경치가 내려다 보여서 앉아 쉬기에 딱 좋은 곳이었다. 아름다운 곡선을 자랑하는 지벤게비르게 구릉지대의 우아한 자태와 구릉지대 중에서 특히 드라헨펠스 산의 윤곽이 지평선 위로 걸쳐져 있었다. 아래로는 라인강이 두 팔로 논넨보르트 섬을 포근히 껴안은 채 은빛으로 빛나면서 둥근 액자에 담긴 그림 같은 풍경 한가운데에 자리 잡고 있었다. 이곳은 우리 둘이 공유하는 계획과 꿈에 의해 신성하게 된 곳이었다. 그런 곳으로 우리는 그날 밤 다시 돌아갈 터였다. 스스로 세운 규칙을 지키면서 그날 하루를 끝내려면, 우리는 그곳으로 돌아가야 했다.

바닥이 고르지 않은 공터 가까운 곳에 거대한 참나무 한 그루가 죽은 채 서서 구불구불한 구릉과 확 트인 들판을 배경으로 실루엣을 드러내고 있었다. 우리 두 사람은 언젠가 죽은 참나무에 별 모양의 형상을 새긴 적이 있다. 그 이후로 여러 해에 걸쳐 폭풍에 시달리면서 나무는 둘로 쪼개지고 비에 푸석푸석해졌다. 우리가 새긴 별 모양의 형상은 사격 표적으로 안성맞춤이었다. 우리 둘이 사격장에 도착했을 때에는 이미 오후 늦은 시간이었다. 가지 없이 둥치만 남은 죽은 참나무는 넓은 그림자를 길게 드리우고 있었다. 너무나 고요했다. 우리보다 아래 쪽에 선 큰 나무들이 시야를 가려 계곡은 보이지 않았다. 그런 고요 속에서 우리가 쏜 권총 소리는 날카로운 메아리를 남겼다. 내가 죽은 참나무에 새긴 별 모양의 형상을 향해 두 번째 방아쇠를 당기는 순간, 억센 어떤 힘이 나의 팔을 잡는 듯한 느낌을 받았다. 총알을 재장전하고 있던 나의 친구도 마찬가지로 나와 비슷하게 저지를 당하고 있었다.

내가 몸을 돌리자, 격분한 노인의 얼굴이 보였다. 동시에 나는 커다란 개가 나의 등 위로 뛰어오르는 것을 느꼈다. 다른 젊은 사람의 저지를 받고 있던 나의 친구와 내가 놀람의 외침을 내뱉기도 전에 노인의 소리가 먼저 터져 나왔다. 예리하고 무서운 목소리였다.

"안 돼! 안 돼!" 노인이 외쳤다. "이런 곳에서 결투 따위의 짓은 하지 마! 다른 사람은 몰라도 너희 학생들은 결투를 해선 안 되지! 권총 내려놔! 마음을 가라앉히고, 화해하고, 서로 악수해! 세상의 소금이고 미래의 위대한 정신이고 우리의 희망의 씨앗인 학생들이 미치광이 같은 명예욕에 사로잡혀야 하는 이유가 도대체 뭐야? 힘의 원칙으로 뭘 이루겠다는 거야? 너희들의 열정을 탓할 생각은 전혀 없지만, 그런 짓은 자네들의 지성에 전혀 명예롭지 않아. 고대 그리스와 로마의 언어와 지혜가 너희들 젊음의 보호자 역할을 해왔어. 너희들의 젊은 마음과 가슴을 영광스런 고대의 지혜와 고결의 빛으로 환하게 밝히기 위해 아주 값진 노력이 펼쳐졌어. 그런데도 너희들은 기사도를, 비이성적이고 잔인한 관행을 길잡이로 삼고 있단 말인가? 신사도라는 것을 한 번만이라도 제대로 똑바로 보고, 명료하게 생각하고, 그것의 비열한 한계를 꿰뚫어보도록 해. 그리고 열정이 아니라 이성을 시금석으로 삼도록 해! 너희들이 즉시 결투를 그만두지 않는다면, 너희들은 교육이나 문화 분야의 일에는 절대로 적합하지 않아. 여기선 편견의 사슬을 끊을 수 있는 판단력이 필요하고, 참과 거짓을 명쾌하게 구분할 줄 아는 엄격한 지성이 필요하거든. 지금 이 분야처럼 참과 거짓이 명확하게 드러나지 않고 깊이 숨어 있어도, 또 그 차이가 아 모호한 상황에서도 참과 거짓을 구분하는 능력은 반드시 필요해. 그러니 너희들은 세상에서 다른 정직한 길을 찾도록 해. 군인의 길도 좋고, 기술자의 길도 좋아. 기술만 있으면 어딜 가든 할 일이 있게 마련이거든."

진실이 담긴 말임에도, 무례한 말이 아닐 수 없었다. 그래서 우리가 아주 격하게 대꾸했기 때문에, 우리 둘과 그들 사이에 티격태격 날선 말이 오갔다. "어르신 판단이 틀렸어요! 결투를 하려는 게 아니었어요. 사격 연습을 하고 있을 뿐입니다. 결투가 어떻게 진행되는지 모르시죠? 세컨드(보조자)나 의사 또는 증인 없이, 마치 산적처럼 아무도 없는 곳에서 두 사람이 대결을 벌이는 것으로 알고 계시죠? 어쨌든, 결투의 문제라면 저희들은 나름의 주관을 갖고 있습니다. 일단 자기부터 살고 봐야 한다는 것이죠. 어르신의 장광설 같은 것에 놀라 물러서서는 절대로 안 되지요."

특별히 예의 바르게 들리지 않았을 이 대답에 노인의 얼굴 표정이 일그러지는 것 같았다. 우선 우리 둘이 결투를 벌이는 것이 아니라는 사실을 확인하게 된 노인은 우리를 조금 더 인간적인 눈으로 보게 되었지만, 우리의 말에 숨겨진 가시가 노인을 성가시게 만들었던 것이다. 노인은 불평의 소리를 중얼거렸다. 우리가 조금 무례하게 우리의 주관에 대해 말했기 때문에, 노인은 젊은 동료의 손을 잡고 몸을 돌리면서 쓴소리를 한마디 했다. "사람에겐 주관 이상의 것이 필요한 법이야. 생각도 필요한 거지!" 그러자 노인의 동료가 소리를 질렀다. "어른을 공경할 줄 알아야지! 이 분은 존경 받아야 할 분이야. 이번엔 판단이 틀리긴 했지만!"

그 사이에 나의 친구는 총알을 다시 장전한 다음에 "조심!"이라는 외침과 함께 다시 별 모양의 형상을 향해 권총을 쏘았다. 노인의 등 바로 뒤에서 터진 총격 소리가 그를 화나게 만들었다. 노인은 다시 몸을 돌려 나의 친구에게 증오가 가득 담긴 눈길을 보내면서 자기 동료에게 낮은 목소리로 말했다. "어떻게 할까? 이 학생들과 총소리 때문에 많이 불편할 것 같은데."

그러자 일행 중 젊은 사람이 우리 쪽을 보며 말했다. "학생들이야 재미삼아 사격을 하겠지만, 지금 사격은 이 철학자의 심장을 겨누는 것이나 마찬가지야. 학생들 앞에 계신 분을 한 번 보도록 해. 존경 받아야 할 분이야. 학생들에게 여기서 총을 쏘지 말아달라고 부탁할 권리가 이 분에겐 있어. 이런 신사분이 그런 부탁을 할 때엔, …"

"이 친구가 하라는 대로 해!" 늙은이가 단호한 눈길을 보내면서 젊은 동료의 말을 막았다.

나의 친구와 나는 이 상황을 어떻게 판단해야 좋을지 몰라 잠시 어리둥절했다. 취미 활동의 하나인 우리의 사격이 철학과 무슨 상관이 있는지, 예절이라는 이해할 수 없는 고려사항 때문에 왜 우리가 사격을 포기해야 하는지, 도무지 감이 잡히지 않았다. 그래서 나의 친구와 나는 결론을 내리지 못하고 어정쩡한 태도로 잠시 머뭇거리고 있었음에 틀림없다. 그러자 노인을 동행하던 사람이 이를 알아차리고 상황을 설명했다.

"우리로선 몇 시간이고 여기서 기다리는 수밖에 달리 방법이 없어. 훌륭하신 이 분이 오늘밤에 중요한 친구 분을 여기서 만나기로 약속을 했거든. 숲 속에 벤치가 몇 개 있어서 우리의 모임에 아주 적합한 곳이라고 판단했어. 정말 평화로운 곳이잖아. 그런데 학생들이 쏘는 총소리에 계속 놀라게 되면 이 분에겐 결코 좋지 않아. 이 분이 친구를 만나는 장소로 한적하고 평화로운 이곳을 선택했고, 이 분은 아주 탁월한 철학자 분이시니, 이제 학생들이 양보해서 사격을 그만두는 것이 어떨까?"

이 사람의 설명이 사태를 더 어렵게 만들었다. 그렇다면 우리는 사격장 그 이상의 것을 잃을 위험에 처해 있었다는 뜻이었다. 그래서 우리는 즉시 되물었다. "평화로운 공간이란 곳이 어딥니까? 저기 왼쪽인가요?"

"맞아. 바로 거기야."

"아니, 그 빈터는 오늘밤 우리가 쓰게 되어 있는데!" 나의 친구가 외쳤다. 우리 둘은 "오늘 우리가 그곳을 써야 해요!"라고 입을 모았다.

그 당시엔, 오랫동안 계획해 왔던 우리의 축하 행사가 세상의 철학자들 전부보다도 더 중요했다. 그래서 우리는 터무니없어 보이는 주장을 계속 강력히 폈다. 그런 우리의 모습이 다소 우스꽝스러워 보였을 수도 있다. 어쨌든 우리의 철학 행위를 방해하려는 등에 같은 귀찮은 존재들이 우리를 향해 기묘한 미소를 지어보였다. 마치 우리에게 왜 그런 식으로 고집을 부리는지 이유를 설명해보라고 말하는 것 같았다. 그래도 우리는 한마디도 하지 않았다. 나의 친구와 내가 그 날 하기로 되어 있던 행사는 절대로 비밀이었다.

그래서 양측은 서로를 바라보면서 말없이 서 있었다. 저녁 노을이 나무 위로 하늘을 온통 붉게 물들이고 있었다. 철학자는 서쪽으로 넘어가려는 해를 바라보고 있었고, 그의 동행은 철학자를 바라보고 있었다. 나의 친구와 나는 숲 속에 있는 우리의 비밀 성지를 바라보고 있었다. 하고 많은 날들 중에서 왜 하필 오늘 이 성지를 빼앗으려는 거야! 우리는 분노를 느끼며 괴로워했다. 철학이 친구와 함께 호젓이 시간을 즐기는 것을 막는다면, 또 철학이 우리가 철학자가 되려는 것을 가로막는다면, 도대체 철학은 무슨 소용이란 말인가? 이런 생각이 든 이유는 우리의 기념식이 그야말로 철학적인 행위라는 느낌이 들었기 때문이다. 우리는 그곳에서 진지하게 결의를 다지고 우리의 인생을 설계할 계획이었다. 또 외로이 깊은 생각에 잠기면서 우리의 내면 깊은 곳의 영혼을 풍성하게 가꾸고 또 미래에 영혼을 기쁘게 할 아이디어를 찾길 원했다. 몇 년 전의 그 아이디어가 그랬듯이 말이다. 우리가 거기서 하고자 했던 것이 바로 그런 것이었다. 그곳에 앉아 명상에 잠기고 싶었던 것이다. 나의 친구와 내가 같은 때에 똑같은 결론에 도달했던 5년 전과 마찬가지로, 그 행사는 침묵의 의식이 될 터였다. 모든 기억을 떠올리고, 온갖 미래를 꿈꾸고, 그리하여 현재를 과거와 미래와 연결시키고 싶었던 것이다. 그런데 짓궂은 운명이 우리의 성지를 침범하려 들고 있었고, 우리는 그 운명을 쫓아낼 길을 찾지 못해 전전긍긍하고 있었다. 그런데 솔직히 말하면 이 이상한 조우에 신비한, 심지어 호기심을 자극하는 무엇인가가 있는 것 같은 예감도 들었다.

네 사람이 두 집단으로 갈려 서로 적의를 품은 가운데 침묵을 지키고 있는 사이에, 늦은 오후의 구름은 우리의 머리 위로 점점 더 붉어지고 있었고 주위는 더없이 조용하고 온화했다. 자연은 하루를 마무리하면서 하루의 노동에, 하루의 완벽한 걸작에 만족하고 있었다. 그런 자연의 호흡에 귀를 기울이고 있는 바로 그때, 라인강 쪽에서 수많은 목소리들이 지르는 함성이 황혼녘의 고요를 깨뜨렸다. 틀림없이 강에서 노를 젓기 위해 보트를 서로 먼저 타려고 다투는 우리 친구들의 외침일 것이다. 우리는 친구들이 우리가 없어서 섭섭해했을 것이라고 생각했다. 우리도 그들과 함께하지 못해 섭섭했으니까. 나의 친구와 나는 거의 동시에 권총을 집어 들었다. 총소리가 메아리를 쳤고, 아래쪽에서 친구들이 우리의 존재를 알아들었다는 뜻으로 환호성을 다시 질렀다. 나의 친구와 나는 클럽 친구들 사이에 사격을 대단히 좋아하는 것으로 이미 유명했기 때문이다.

　그와 동시에 우리는 침묵을 지키고 있던 철학자들에게 대단히 무례하게 굴고 있다는 사실을 깨달았다. 그곳에 서서 말없이 풍경을 감상하고 있던 그들은 두 발의 총소리에 화들짝 놀랐다. 우리는 재빨리 그들에게로 다가가서 차례로 외쳤다. "죄송합니다! 마지막 한 발이었습니다. 저 아래 강에 있는 친구들에게 보내는 신호였습니다. 친구들이 신호를 이해했어요. 어르신께서도 우리 친구들의 함성을 들으셨죠? 두 분이 꼭 숲속의 그곳에서 기다리셔야 한다면, 저희들도 그곳에 앉아 있어도 괜찮으시겠습니까? 거기엔 벤치가 여러 개 있고, 저희들은 두 분을 방해하지 않을 겁니다. 그냥 조용히 앉아 있을 것이고 말은 한마디도 안 할 겁니다. 지금 시간이 정각 일곱 시라서 저희들은 지금 그곳에 가야 합니다."

　나는 잠시 말을 멈췄다가 이렇게 덧붙였다. "좀 이상하게 들릴지 모르겠습니다만, 저희들은 그곳에 한 시간 동안 있기로 약속을 했어요. 행복한 추억이 깃든 곳이라서요. 그곳은 저희들에게 신성한 곳입니다. 저희들은 그곳이 행복한 미래의 토대를 쌓는 곳이 되어 주리라 기대하고 있습니다. 바로 그런 이유 때문에, 저희들은 두 분에게 좋지 않은 기억을 남기고 싶지 않습니다. 이미 두 분을 방해하고 놀라게 만들긴 했지만 말입니다."

철학자는 아무 말이 없었지만, 그의 젊은 동행은 이렇게 말했다. "어쩌면 약속 때문에 우리 네 사람이 같은 시간에 같은 장소에 있어야 할지 모르겠군. 할 수 없지 뭐. 이게 운명의 손길인지 아니면 짓궂은 악귀의 장난인지 모르지만."

이어 철학자가 겉으로 보기에 많이 평온해진 목소리로 말했다. "난 이제 권총을 쏘는 이 학생들이 많이 편해졌어. 자네도 우리가 하늘을 올려다보는 동안에 젊은이들이 아주 조용했다는 사실을 알고 있지? 이 학생들은 말도 하지 않았고, 담배도 피우지 않았으며 그저 조용히 서 있기만 했어. 학생들도 생각에 잠겼던 것 같던데."

노인이 갑자기 우리 쪽으로 몸을 돌렸다. "너희들도 무엇인가에 대해 깊이 생각하고 있었던 거니? 잠시 함께 쓸 쉼터로 가는 동안에 무슨 생각을 했는지 말해 봐." 우리는 느릿느릿 걸으며 그늘지고 아늑한 숲속으로 조심스럽게 내려갔다. 그곳엔 이미 땅거미가 깔리고 있었다. 그곳으로 가는 길에, 나의 친구는 철학자에게 자신이 두려워하는 바에 대해 솔직히 털어놓았다. 오늘 생전 처음으로 어떤 철학자가 철학하는 것을 방해할 것 같다는 걱정이 앞선다는 것이었다.

그러자 늙은이가 웃음을 터뜨렸다. "뭐라고? 어떤 철학자가 너희들이 철학하는 것을 방해할까 봐 두렵다고? 맞아, 그런 일이 정말 일어날 수도 있지. 너희들에겐 아직 그런 경험이 없는가? 대학교에서도 그런 적이 없었어? 너희들은 철학 강의를 안 들어?"

철학 강의를 한 번도 들은 적이 없는 터라. 우리를 꽤 불편하게 만드는 질문이었다. 그때 우리는 다른 학생들과 마찬가지로 대학에서 철학자 타이틀을 달고 학생들을 가르치는 사람은 당연히 철학자라는 순진한 믿음을 갖고 있었다. 당시에 우리는 경험이 많지 않았고 또 엉터리 정보에 노출되어 있었다. 그래서 우리는 철학 강의를 들은 적이 한 번도 없었다는 사실을 솔직히 인정하고 어느 시점엔가는 철학을 들을 계획이라고 덧붙였다.

"그렇다면 너희들이 철학을 한다고 했는데, 그거 무슨 뜻인가?" 늙은이가 물었다.

"설명을 정확히 할 수 없어 안타깝지만, 대충 이런 것입니다. 진정으로 교양 있는 사람이 되는 최선의 길을 찾기 위해 깊이 생각하려고 노력하는 것입니다."

"그건 아주 중대한 과제이기도 하고 또 매우 하찮은 문제이기도 해." 철학자가 투덜거리듯 말했다. "그 문제에 대해 오랫동안 깊이 생각해봐! 이제 다 왔어. 벤치에 앉아야겠어. 따로 떨어져 앉도록 하게나. 진정으로 교양 있는 사람이 되는 최선의 길을 놓고 깊은 생각에 잠기는 것을 방해할 생각은 조금도 없으니까. 행운을 빌겠네. 결투 운운할 때 말했던 주관도 찾도록 해. 제대로 된 진짜 개인적 견해를 …. 이 철학자는 너희들이 철학을 하지 못하도록 방해하고 싶지 않으니, 너희들도 권총 사격으로 놀라게 만들지 않았으면 좋겠어. 오늘 하루만이라도 피타고라스학파의 젊은이들처럼 한번 행동해 보도록 하게. 피타고라스학파 젊은이들은 순수한 철학을 위해서 5년 동안 침묵을 지켰거든. 그런데도 너희 학생들에겐 자신들의 미래 문화에 대해 고민하는 시간을 15분씩 다섯 번도 요구하지 않아."

나의 친구와 나는 목적한 곳에 도착했다. 추억을 되살리는 의식이 시작되었다. 5년 전과 똑같이, 라인강은 은은한 물안개에 잠겨 있었다. 또 그때처럼, 하늘은 반짝였고, 숲은 향기를 뿜고 있었다. 멀찍이 떨어진 벤치의 귀퉁이가 우리를 맞았다. 우리 둘은 그곳에 앉았다. 철학자와 젊은 동행으로부터 거의 몸을 숨길 수 있는 곳이었다. 그래서 철학자와 그의 동행은 우리의 얼굴을 볼 수 없었다. 우리는 거기 단 둘이 있을 수 있었다. 철학자의 목소리가 나직이 들려왔다. 온갖 생명의 소리와 나뭇잎이 바스락거리는 소리, 나무의 우듬지를 스치는 바람 소리가 함께 어우러지는 가운데, 늙은 철학자의 목소리도 거의 자연의 음악이 되어 있었다. 그의 목소리는 자연의 잡음으로, 멀고 단조로운 소리로 우리에게 와 닿았다. 그래서 우리는 거의 아무런 방해를 받지 않을 수 있었다.

시간이 어느 정도 흘렀다. 저녁노을은 아주 옅어졌고, 보다 어렸던 시절에 문화를 위해 노력하겠다고 다짐하던 기억이 또렷이 떠올랐다. 나의 친구와 나는 우리의 작은 클럽에 감사하는 마음을 품어야 한다고 느꼈다. 이 클럽은 단순히 김나지움 교육을 보완하는 것이 아니었다. 오히려 그 반대였다. 우리가 진정으로 결실을 맺는 것은 클럽을 통해서였다. 심지어 우리는 클럽의 틀 안에 김나지움 생활을 집어넣었다. 클럽이야말로 진정한 교육에 닿기 위한 노력에 도움을 주는 유일한 요소였다.

나의 친구와 내가 그 당시에 소위 경력에 대해 전혀 생각을 하지 않을 수 있었던 것은 클럽 덕이었다는 사실을 우리는 잘 알고 있었다. 그 시절에 국가는 인력을 최대한 일찍 국가 공무원으로 끌어들이려고 애를 쓰고 있었으며, 또 어려운 시험을 통해서 무조건적 복종을 끌어내려고 노력하고 있었다. 이렇듯 국가는 젊은이들을 위한 진정한 교육에는 별로 관심이 없었다. 그러나 우리의 자기 수양 방법이 우리를 구해주었다. 우리는 실용적인 관심을 추구하지 않았다. 우리는 남들보다 앞서나가야 할 필요성도, 직업을 가져야 할 필요성도 전혀 느끼지 않았다. 그러다 보니 나의 친구와 나는 자신이 무엇이 되고 싶어 하는지에 대해서도 전혀 몰랐으며 그런 문제에 대해서는 걱정을 거의 하지 않았다. 옛날에 앉아 꿈을 꾸던 그 벤치에 다시 앉게 되었을 때, 그 같은 사실이 얼마나 큰 위안이 되었는지 모른다. 우리의 클럽이 이런 행복한 무관심의 씨앗을 뿌렸다. 우리는 그날을 기념하는 의식을 치르면서 그처럼 태평할 수 있는 정신에 진정으로 감사를 표했다. 이미 말한 바와 같이, 오늘날엔 목표를 추구하지 않고 현재라는 요람 안에서 편안히 누워 지내며 순간에 만족하며 사는 것은 거의 불가능하다. 설령 그런 조건이 가능하다 할

지라도, 그런 식으로 사는 삶의 방식은 비난을 받을 것이다.

우리 시대는 소용없는 것들에게 지나치게 적대적이다. 그런데 나의 친구와 나는 얼마나 소용없는 존재였는지! 또 쓸모없다는 사실에 얼마나 큰 긍지를 느꼈는지! 우리는 더욱 쓸모없는 존재가 되기 위해 서로 경쟁하고 있었는지도 모른다. 우리는 중요한 인물이 되기를 원하지 않았고, 무엇인가를 대표하기를 원하지도 않았고 무엇인가를 성취하기를 원하지도 않았다. 우리는 미래가 없기를, 현재의 문턱에서 빈둥거리면서 단지 아무것도 안 할 수 있기를 바랐다. 그게 나의 친구와 나의 모습이었다. 그런 우리를 칭송해주길!

이것이 당시에 나의 친구와 내가 교육에 대해 품고 있던 견해였다.

그처럼 경건한 마음으로 깊은 자기 성찰에 빠진 가운데, 나는 우리 교육기관의 미래에 대한 질문에 스스로 대답해야겠다는 마음을 품게 되었다. 그런데 바로 그때, 철학자가 앉은 먼 곳의 벤치 쪽에서 들려오던 자연의 음악의 성격이 바뀌기 시작하는 게 아닌가. 그 자연의 소리는 보다 일관되고 보다 분명해졌다. 곧 나는 그들의 말이 들린다는 사실을, 그리고 내가 그들의 말을 듣고 있다는 사실을, 그것도 귀를 쫑긋 세워 열심히 듣고 있다는 사실을 깨달았다. 나는 졸고 있을지도 모르는 친구의 옆구리를 쿡 찌르며 속삭였다. "자지 마! 우리가 배울 게 있어. 철학자와 동료가 하는 말이 분명 우리를 두고 하는 말이 아닌데도 이상하게 우리에게 그대로 적용되는 말이야."

내가 들은 말은 철학자의 젊은 동행이 다소 흥분한 상태에서 자신을 변호하면서 하는 말이었다. 그러자 철학자가 천둥 같은 목소리로 젊은 동료를 꾸짖었다. "자넨 변하지 않았어!" 철학자가 소리를 질렀다. "아니, 어찌 이럴 수가 있어! 자네가 변하지 않았다니! 자네의 내면에서 지금과 7년 전, 그러니까 내가 불확실한 희망을 품고 자네 방식대로 공부하도록 보내면서 자네를 마지막으로 본 그 시점 사이에 거의 아무런 변화가 없다니, 도무지 믿을 수가 없어. 절대로 유쾌한 일이 아니지만 한 번 더 하지 않을 수 없군. 자네가 두르고 있는 현대식 교육의 가면을 내가 다시 벗겨내야겠어. 그런데 그 가면 밑에서 내가 뭘 발견하게 될까? 임마누엘 칸트(Immanuel Kant)에 따르면, '지성에 의해 이해될 수 있는' 한결같은 품성이 발견되어야 하겠지만, 불행하게도 똑같이 한결같은 '지적' 품성도 있어. 물론 위안의 성격이야 덜하지만, '지적' 품성도 필요해. 지적이고 또 진정으로 배우기를 갈망하는 자네 같은 사람이 나와 함께 그렇게 오랫동안 시간을 보냈는데도 그 시간들이 자네에게 어떠한 인상도 주지 않았다면, 평생을 철학자로 살고 있는 나의 인생 목표는 도대체 뭐란 말인가! 지금 자네는 예전에 내가 대화를 통해 수없이 강조했던 교육의 기본 원칙을 마치 한 번도 들어보지 않은 것처럼 행동하고 있으니 말일세. 교육의 기본 원칙이 뭔지 기억하고 있는가?"

"예, 기억하고 있습니다." 꾸중을 듣고 있던 철학자의 동행이 대답했다. "선생님께선 언제나 이런 말씀을 하셨지요. 진정한 교양인이 되었거나 교양인이 될 수 있는 사람의 숫자는 터무니없을 만큼 작다는 사실을 안다면 아무도 교육을 추구하려 들지 않을 것이라고 말입니다. 그러나 만약에 많은 사람들이 속거나 유혹에 넘어가 자신의 본성에 맞지 않는 교육을 추구하지 않는다면, 진정한 교양인이 극소수 나오는 것조차도 불가능해진다고 하셨습니다. 그러기에 진정한 교양인의 숫자와 괴물처럼 과도하게 커져 버린 교육 시스템의 규모 사이의 터무니없는 불균형을 공개적으로 폭로하는 일이 일어나서는 안 된다고 하셨습니다. 그것이 교육의 진짜 비밀이라고 하셨지요. 무수히 많은 사람이 교육을 추구하고 있고 또 자신을 위해 교육을 받고 있다고 생각하지만, 실제로 보면 그 같은 노력은 극소수를 위한 교육을 가능하게 하는 것에 지나지 않는다는 뜻이었습니다."

"맞아." 철학자가 대답했다. "그럼에도 자네는 그 말의 진정한 가르침을 망각했을 수 있어. 자네가 그 극소수 중 한 사람이라고 믿고 있으니 말일세. 자네가 생각한 것이 바로 그런 식이잖아. 그러나 그것은 현대 교육의 무가치한 성격 때문에 생긴 결과야. 사람들은 문화를 습득하는 노고에서 해방되고 교육의 요구를 피하기 위해서 천재의 권리를 민주화하고 있어. 모두가 천재가 심은 나무 그늘 밑에 누워 쉬기를 바라고 있어. 그러면서도 그 천재를 위해 일하거나 천재가 계속 천재성을 발휘할 수 있도록 돕는 수고를 하려 들지 않아. 뭐라고? 자네는 자존심이 너무 강해서 선생이 될 수 없다고? 자네는 자네를 힘들게 만드는 학생들의 무리를 경멸하지? 자네는 선생의 소명에 대해 경멸하듯 말하지? 그러면서 자네는 나의 생활 방식을 모방하면서 군중을 멀리하고 고독한 삶을 추구하려 하지? 내가 철학자로 살기 위해 오랜 세월 동안 힘들여 노력한 끝에 겨우 성취한 것을 자네는 단번에 이룰 수 있다고 생각하고 있지? 그리고 자네는 언젠가 고독이 자네한테 복수를 할 것이라는 사실을 두려워하지 않지? 문화의 은둔자가 되려고 한 번 노력해 봐. 자신이 가진 자원만으로 모든 것을 해결하며 살아가는 것은 엄청난 재산을 물려

받는 축복을 누려야만 가능한 법이야! 요즘 젊은이들은 정말 이상해! 젊은이들은 한결같이 가장 높고 가장 어려운 것을, 말하자면 소수의 거장만이 할 수 있는 것을 자신의 의무로 생각하고 있어. 그것이 얼마나 어려운 일인지, 그리고 그같은 시도를 하다가 얼마나 많은 탁월한 인재들이 사라져 갔는지를 다른 어떤 사람들보다 젊은이들이 더 잘 알아야 하는데도 말이네!"

"선생님, 저는 선생님에게 아무것도 숨기고 싶지 않습니다." 철학자의 동료가 대답했다. "저는 선생님에게 너무나 많은 것을 들었으며 또 너무나 많은 시간을 선생님 앞에서 보냈습니다. 저의 육체와 영혼을 현행 교육에 바치기 위해서였지요. 저는 선생님께서 자주 지적하신, 교육기관의 절망적인 실수와 결함을 너무나 절실히 느끼고 있습니다. 그럼에도 저는 용감하게 투쟁을 벌이는 데 필요한 힘을 저의 내면에서 거의 발견하지 못하고 있습니다. 그래서 저는 뼈저리게 낙담했습니다. 제가 고독 속으로 달아난 것은 거만한 짓이거나 주제넘은 짓이 결코 아니었습니다.

"오늘날의 급박한 교육 문제의 특징에 대해 말씀 드리겠습니다. 제가 볼 때, 우리의 교육기관에 나타나고 있는 두 가지 두드러진 경향을 구분할 필요가 있을 것 같습니다. 이 경향들은 겉으로 보면 서로 상반된 것 같지만 효과 면에서 보면 똑같이 파괴적이며 결국엔 결과에서 서로 결합하고 있습니다. 한 가지 경향은 교육을 최대한 확장시키고 보급하려는 충동이고, 다른 한 경향은 교육을 좁히고 약화시키려는 태도입니다. 다양한 이유로, 교육은 최대한 널리 실시되어야 하는 것으로 여겨지고 있습니다. 이런 시각이 첫 번째 경향을 낳고 있습니다. 그러나 두 번째 경향은 교육이 대단히 고귀하고 고상한 주장을 포기하고 다른 형태의 삶, 예를 들면, 국가에 봉사하는 것으로 만족하기를 바라고 있습니다.

"교육을 최대한 확장시키자는 목소리를 가장 높게 또 가장 분명하게 외치는 곳이 어딘지를 저는 알고 있습니다. 확장은 오늘날 가장 선호되는 경제적 신조 중 하나입니다. 가능한 한 많은 지식을 쌓고 교육을 확장하는 것이 생산과 수요의 가능성을 최대한 키울 수 있고 또 최대의 행복을 낳을 가능성을 키우게 됩니다. 그것이 공식입니다. 여기서 사람들은 공리를 교육의 목표로 잡고 있습니다. 더 구체적으로 말하면, 이익을, 말하자면 가능한 한 소득을 많이 올리는 것을 교육의 목표로 잡고 있지요. 이 같은 관점에서 보면, 교육은 기본적으로 사람들이 '최신의 정보'를 갖추고, 돈을 가장 쉽게 버는 방법을 배우고, 사업 수행에 필요한 다양한 경로들을 파악하는 식별력을 갖추도록 하는 것을 의미합니다. 이 견해에서 보면, 교육의 진정한 과제는 시대의 추세에 밝은 사람을 양성하는 것입니다. 이런 사람들의 숫자가 많을수록, 전체로서 국가가 더 행복해진다는 뜻입니다. 그것이 현대 교육기관의 목표입니다. 말하자면 모든 사람이 현재의 추세를 따르도록 하고, 모든 사람이 지식과 지혜의 타고난 능력을 최대한 많은 소득과 행복으로 바꾸도록 돕는 것이 현대 교육의 목표이지요. 모든 사람은 자기 자신을 정확히 평가할 줄 알아야 하고, 인생에서 합리적으로 기대할 수 있는 것이 어느 정도인지를 알아야 합니다. 이 견해가 주장하는 지능과 번영의 연결은 거의 도덕적 원칙의 힘을 발휘하고 있습니다. 이런 견해가 지배하는 곳에서는, 고립을 꾀하고 황금과 이익을 넘어서는 목표를 설정하거나 시간을 요구하는 교육은 증오의 대상이 됩니다. 이런 견해를 가진 사람들은 심지어 앞에 말한 그런 교육을 강조하는 다양한 교육 사상들을 '오만한 이기주의'이거나 '비윤리적인 교육적 쾌락주의'라고 무시하려 듭니다. 여기서 작용하는 도덕규범이 요구하는 것은 정반대입니다. 바로 신속한 교육이지요. 그래야만 돈벌이를 빨리 시작할 수 있다는 생각 때문입니다. 또 동시에 충분한 교육을 요구합니다. 그래야만 많은 돈을 벌 수 있다는 판단이지요. 교육은 돈벌이라는 대의에 이바지하는 한에서만 용인되는 분위기입니다. 그런데 교육이란 것이 어디 돈벌이에만 필요한 것입니까? 요약하면, 인간은 세속적 행복을 주장할 권리를 당연히 갖습니다. 교육이 필요한 이유도 거기에 있지요. 하지만 왜 그것이 교육의 유일한 명분이 되어야 하느냐 말입니다!"

"이 대목에서 들려줄 게 있어." 철학자가 말했다. "자네가 방금 아주 명확하게 묘사한 견해는 중대한, 아니 무시무시한 위험을 낳게 되어 있어. 어느 시점에 이르면, 대중이 아마 중간 단계를 건너뛰고 곧장 세속의 행복만을 좇아 내달리게 될 거야. 이것이 오늘날 사람들이 사회 문제라고 부르는 거야. 달리 말하면, 이런 대중에겐, 최대한 많은 사람들을 위한 교육이 단지 소수의 세속적 행복을 챙기는 수단에 지나지 않는 것처럼 보이게 된다는 뜻이야. 교육이 그 이상의 의미로는 다가오지 않게 되지. 보편적 교육을 위한 노력은 결국엔 교육을 크게 약화시키는 결과를 낳고 말 거야. 그러면 교육은 더 이상 어떠한 특권도 안겨주지 않을 것이고 존경도 받을 수 없게 돼. 가장 보편적인 교육이야말로 곧 야만이 아닐까? 그래도 나는 자네의 주장을 방해하고 싶지 않네."

철학자의 동료가 자신의 주장을 다시 이어갔다. "요즘 선호하는 이런 경제 원칙 외에, 교육을 확장할 동기들이 또 있습니다. 아주 많은 사람들이 교육의 확장을 그처럼 강하게 옹호하는 것은 바로 이런 동기들 때문이지요. 이 세상에는 종교적 탄압에 대한 두려움이 팽배하고 이 탄압의 결과에 대한 불안이 팽배한 나라들이 많습니다. 그러다 보니 사회의 모든 계급의 사람들이 교육을 갈망하고 또 교육 중에서 종교적 본능을 해소시킬 부분을 열렬히 받아들이고 있지요. 그런 나라가 아닌 다른 곳을 보면, 교육을 가능한 한 널리 확대하려고 노력하는 주체가 바로 국가입니다. 바로 국가의 이익을 위해서지요. 왜냐하면 국가가 최대한 확장된 교육을 제대로 통제할 수 있을 만큼 강하다고 느끼고 있고 또 교육 수준이 높은 공무원이나 군인들을 두는 것이 다른 국가들과의 경쟁에서 유리하다는 사실을 거듭해서 확인했기 때문입니다. 국가가 교육 확장에 적극적인 문제에 대해 말하자면, 국가의 바탕이 복잡하고 정교하게 균형을 맞춰야 하는 교육의 구조를 떠받칠 수 있을 만큼 충분히 넓고 견고해야 합니다. 종교적 탄압에 대한 두려움이 팽배한 국가라면, 종교 탄압의 역사가 대응책을 필요로 할 만큼 뚜렷해야 합니다. 요약하면, 대중이 보편적인 교육을 외칠 때마다, 저는 그 외침이 소유물을 얻으려는 무절제한 욕구에서 비롯되는지, 예전의 종교적 탄압에 대한 악몽에서 비롯되는지, 아니면 국가의 이기심에서 비롯되는지를 파악하려고 노력합니다.

"그런 한편, 다른 경향도 있습니다. 앞의 외침만큼 크지는 않지만 앞의 외침 못지 않게 단호한 소리를 내고 있습니다. 교육을 좁히고 약화시키려는 목소리이지요. 학계에 몸을 담고 있는 사람들이 많은 사람들의 귀에 대고 그런 소리를 즐겨 속삭이고 있습니다. 널리 알려진 사실이지만, 현행 교육 제도는 학자들을 단순히 학문의 노예 같은 존재로 전락시키고 있어요. 그 결과 학자가 진정한 교양인이 되기가 갈수록 더 어려워지고 있습니다. 지금 학문적 연구가 아주 넓은 분야에 걸쳐 이뤄지고 있습니다. 그러다 보니 평범한 수준의 재능과 학문적 야망을 가진 사람이면 누구나 좁게 전문화된 하위 분야에 매진하면서 그 외의 다른 것에는 완전히 무관한 상태에서 살아갈 수 있게 되었습니다. 그 결과, 전문가는 자신의 하위 분야에서는 대중들보다 나을지 몰라도 그 외의 다른 분야, 말하자면 중요한 모든 분야에서 대중보다 하나도 더 나을 게 없게 되어 버렸지요. 그처럼 희귀한 전문성을 가진 학자는 평생을 한 가지 부품만을 만들며 살거나 일정한 연장이나 기계만을 다루는 공장 근로자와 비슷합니다. 이런 일에만은 그 학자는 틀림없이 거장이 될 것입니다. 이런 고통스런 사실들을 영광스런 이념으로 멋지게 포장하는 법을 아는 독일에서, 이런 식의 편협한 전문화는, 말하자면 진정한 교육으로부터 갈수록 멀어지는 현상은 심지어 도덕적인 언어로 칭송까지 듣고 있습니다. '세부적인 것에 대한 관심'이라거나 '성실하고 고된 임무'라는 등의 표현으로 높이 평가되고 있지요. 자신의 분야 외에 다른 모든 문화를 모르는 것이 마치 영광의 상징처럼, 고귀한 중용의 신호처럼 여겨지고 있는 것이지요.

"몇 세기 동안 학자는 '교양인'이고 교양인은 학자라는 말이 당연시되었습니다. 하지만 우리 시대의 가르침을 감안한다면, 지금은 학자와 '교양인'을 동일시하는 것이 불가능하게 되었습니다. 지금 어느 곳에서나 아무런 저항없이 받아들여지고 있는 전제가 하나 있습니다. 과학과 학문을 위해서라면 사람들을 착취해도 좋다는 것입니다. 학문의 종사자를 흡혈귀처럼 파괴하려 드는 학문의 가치가 무엇이냐고, 감히 누가 묻기나 하겠습니까? 현실적으로 보면, 학계의 분업은 종교들이 간혹 하려 드는 것과 똑같은 짓을, 말하자면 교육을 약화시키거나 파괴하는 짓을 일삼고 있습니다. 일부 종교의 경우에 그 기원과 역사를 고려한다면 교육을 약화시키거나 파괴하는 것이 완벽하게 합리적인 목표가 될 수 있지만, 학문의 경우에 그런 조치는 자살 행위나 다름없습니다. 우리는 지금 이미 과학자나 학자가 일반적인 중요한 문제에 대해 말을 한마디도 못하는 그런 지경에 이르렀습니다. 특히 심오한 철학적 문제에 대해선 더더욱 말을 하지 못하게 되었습니다.

반면에 모든 학문들 속으로, 아니면 모든 학문들 사이로 끈질기게 파고든 집단인 저널리즘이 그런 문제들을 다루고 있습니다. 저널리즘이 그 본질에 따라, 그리고 이름이 암시하는 바 그대로 '일용 노동자'로서 임무를 완수하고 있지요.

"두 가지 경향, 즉 교육을 확장하고 동시에 좁히려는 경향이 하나로 결합하고 있는 곳이 바로 저널리즘입니다. 실제로 신문들이 교육을 효율적으로 대체했으며, 학자로서 교육에 대해 어떤 목소리라도 내길 원하는 사람은 삶의 온갖 형식과 사회적 지위, 예술과 과학 등 모든 분야들 사이의 틈을 메우고 있는 저널리즘에 의존하고 있습니다. 그런데 저널리즘의 정보는 그것이 인쇄된 종이만큼이나 견고하고 영속적입니다. 현재의 기이한 교육의 목표가 신문에서 정점을 이루고 있습니다. 매 순간의 하인인 저널리스트가 천재의 자리를 차지하고 앉았으며, 시대의 지도자로 부상하고, 순간으로부터 우리를 구원하는 존재가 되었습니다.

"이제 저에게 말씀해 주십시오. 이 세상에서 제가 가장 존경하는 분이시여, 제가 교육의 순수한 목표를 거꾸로 뒤엎고 있는 현재의 추세에 맞서 싸우면서 어떤 희망을 품을 수 있습니까? 사이비 교육이라는 스팀롤러가 제가 뿌리는 진정한 교육의 씨앗을 모두 짓밟아 뭉개버릴 것이라는 사실을 너무나 잘 알고 있는 상황에서 한 사람의 외로운 선생으로서 저는 어떤 용기를 가질 수 있습니까? 어떤 선생이 단 한 명의 학생이라도 무한히 먼 옛 그리스의 세계로, 문화의 진정한 고향으로 이끌려고 노력하고 있는데, 바로 그 학생이 한 시간 뒤에 신문이나 대중 소설을 쉽게 집어 든다면, 이 선생이 쏟는 노력은 얼마나 부질없는 짓이겠습니까?" 바로 이 대목에서 "됐어!"라고 철학자가 동정심이 묻어나는 목소리로 크게 말했다. "이제 자네를 더 잘 이해하게 되었네. 험한 소리를 괜히 한 것 같아. 모두 자네 말이 맞아. 낙담한 것만 빼고. 이제 자네에게 위로가 될 말을 해줄 테니 잘 들어둬."

강연을 오늘 처음 들으러 온 분도 있을 것 같다. 그런 분들은 내가 3주 전에 했던 강연 내용에 대해 그저 소문으로만 듣고 있을 게 틀림없다. 그래서 여기서 바로 두 번째 강연으로 들어가지 않고, 첫 번째 강연 시간에 소개한, 철학자와 그의 젊은 동료 사이에 생생하게 오간 대화에 대해 짧게 설명하는 것이 순서일 것 같다.

　비중 있는 어느 철학자의 젊은 동료가 자신의 스승인 철학자에게 자신이 겪고 있는 문제에 대해 솔직하게 털어놓았다. 자신이 용기를 잃게 된 이유와 학생들을 가르치는 일을 그만

두게 된 사연, 그 길로 스스로 고독하게 지내게 된 이유를 스승에게 밝힌 것이다. 그가 그런 결정을 내린 데에 오만 같은 요소는 전혀 작용하지 않았다.

인품이 훌륭했던 이 젊은이는 이렇게 말했다. "저는 선생님에게 너무나 많은 것을 들었으며 또 너무나 많은 시간을 선생님 앞에서 보냈습니다. 저의 육체와 영혼을 현행 교육에 바치기 위해서였지요. 저는 선생님께서 자주 지적하신, 교육 기관의 절망적인 실수와 결함을 너무나 절실히 느끼고 있습니다. 그럼에도 저는 용감하게 투쟁을 벌이는 데 필요한 힘을 저의 내면에서 거의 발견하지 못하고 있습니다. 그래서 저는 뼈저리게 낙담했습니다." 그런 다음에 젊은이는 교육 제도에 대한 자신의 견해를 밝힘으로써 자신의 행동에 대해 설명했다.

젊은이의 견해를 들은 철학자는 공감하는 어투로 젊은이에게 용기를 불어넣지 않을 수 없게 되었다. "딱한 친구 같으니라구. 이제 자네 마음을 다 알았어."라고 철학자가 말했다.

"자네 말을 듣고 나니 자네를 더 잘 이해하겠군. 자네한테 그런 식으로 심한 말을 하지 말았어야 하는데, 하는 생각이 드네. 자네는 매사에 훌륭해. 낙담한 것만 빼고는. 이제 자네한테 위안이 될 만한 이야기를 들려줄까 하네."

"자네는 자네의 어깨를 그렇게 강하게 짓누르고 있는 오늘날의 학교 상태가 어느 정도로 오래 이어질 것이라고 보는가? 나의 생각을 숨기고 싶은 마음은 조금도 없어. 현재의 교육 관행은 이미 과거가 되었어. 수명이 얼마 남지 않았어. 이 관행의 문제점을 가장 먼저 정직하게 지적하고 나서는 사람은 자신의 정직이 수많은 용감한 영혼들에게 전달되었다가 메아리로 되돌아오는 것을 확인하게 될 거야. 왜냐하면 지금 세대의 사람들의 내면에, 온갖 고상한 능력과 온화한 정서 밑으로 말로 표현되지 않은 공감대가 형성되어 있기 때문이야. 그 사람들은 자신들이 예전에 학교에 다니면서 겪은 고통을 고스란히 기억하고 있고, 또 그들 모두는 본인들이야 그 시절의 문화적 조건 때문에 고통을 당했다 할지라도 자기 후손들은 그런 체제로부터 보호하길 원하고 있어. 자신이 위험을 떠안더라도 그렇게 할 마음의 준비가 되어 있어. 그러나 오늘날 교육계에 영혼이 부족하다 보니 이 같은 갈망이 공개적으로 표현되지 못하고 있을 뿐이야. 지금 교육계에 진정으로 창의적인 재능은 전혀 없어. 말하자면 훌륭하고 참신한 아이디어를 가진, 진정으로 실용적인 사람들도 없고, 또 같은 개인의 내면에서 진정한 천재성과 진정으로 실용적인 정신은 반드시 함께 해야 한다는 이치를 아는 사람도 없어. 지금 학생들을 가르치고 있는 선생들은 아이디어가 전혀 없고, 당연히 진정으로 실용적인 정신도 갖고 있지 않아. 오늘날 많이 나오고 있는 교육학 관련 글을 아무것이나 집어서 한 번 읽어봐. 그런 글을 읽고도 영혼의 부재와 터무니없는 내용에 충격을 받지 않는 사람이라면 틀림없이 신경이 마비된 사람일 거야. 바로 여기서, 우리의 철학은 궁금증을 갖고 접근할 것이 아니라 공포를 느끼며 접근해야 해. 현재의 교육 현실에 두려움을 느끼지 못하는 사람은 교육 문제에 손을 대면 절대로 안 돼. 당연히 지금까지 그 반대가 원칙으로 통하고 있지. 애석하게도, 자네처럼 무서움을 느낀 사람들은 겁을 먹고 달아나는 반면에, 공포를 느낄 줄 모르는 무딘 사람들만이 어떤 분야와도 비교가 되지 않을 정도로 섬세한 교육의 과정에 거칠기 짝이 없는 손을 거칠게 마구 대고 있어. 그러나 이 같은 상황은 곧 더 이상 가능하지 않게 될 거야. 정직한 사람 한 사람만 좋은 아이디어와 용기를 갖고 있다면 문제는 해결될 수 있어. 주변의 모든 사람들이나 사물들과의 관계가 끊어질 위험을 감수해야 하겠지만 말이네. 그 사람이 단 하나의 영예로운 예만 제시할 수 있으면 그만이야. 그러면 지금까지 교육의 과정에 관여해왔던 거친 손들은 그 예를 절대로 본받지 못하게 될 거야. 이런 식으로 상황이 전개되면, 사람들은 적어도 새로운 아이디어가 낳는 차이를 보고 느끼게 될 것이고, 따라서 그 차이의 원인에 대해 깊이 생각할 기회를 갖게 될 거야. 여기까지 생각한 사람들이라면 교직의 기술은 거친 손의 노동이라는 점을 더 이상 믿지 않게 될 거야. 양심을 가진 많은 사람들은 지금도 그렇게 믿지 않고 있거든."

그러자 철학자의 젊은 동료가 이렇게 대답했다. "어떻게 보면 선생님께선 용감하게 선생님 본인의 희망사항을 말씀하시고 계십니다. 구체적으로 예를 한 가지만 제시해 주실 수 있을까요? 제가 선생님의 희망사항을 공유할 수 있도록 도울 만한 그런 예를 부탁드리고 싶습니다. 예를 들면, 저와 선생님이 다 같이 알고 있는 김나지움이면 좋겠습니다. 선생님께선 정직과 훌륭하고 참신한 아이디어만 있으면 김나지움에서 케케묵은 낡은 습관들을 제거할 수 있다고 진정으로 믿으십니까? 제가 보기엔, 김나지움이 어떤 공격에도 견딜 만큼 튼튼한 벽으로 보호를 하고 있는 것이 아니라 온갖 원칙들의 집요함으로 보호를 하고 있는 것 같거든요. 그런데 이 원칙들은 교활하면서도 치명적인 것이 특징이지요. 김나지움 안에 밟아 뭉개야만 하는 적(敵)은 하나도 없습니다. 눈에 보이거나 손에 만져지는 적은 전혀 없지요. 다만 온갖 형태로 변장하면서 어디든 무사통과하는, 가면을 쓴 그런 적만 있을 뿐입니다. 그 적이 겁쟁이처럼 비굴하게 길을 비켰다가 때가 되면 다시 돌연 튀어나와 자신의 공격자들을 좌절시키곤 하지요. 제가 낙심하여 고독한 생활을 스스로 선택하게 만든 것은 특히 김나지움의 상황이었습니다. 이 싸움에서 누군가가 이길 수 있다면 다른 모든 교육기관들이 선례를 따를 것 같지만, 이 싸움에서 누군가가 질 경우엔 그보다 훨씬 더 심각한 교육적 문제까지 포기해야 하는 수밖에 없을 것 같은 느낌이 들었습니다. 그러니 선생님께서 저에게 가르쳐주시길 바랍니다. 김나지움을 파괴하고 다시 태어나도록 하기 위해 저희들이 품을 수 있는 희망은 어떤 것입니까?"

"나도 자네와 똑같이 김나지움이 아주 중요하다고 느끼고 있어." 철학자가 대답했다.

"다른 모든 교육기관은 김나지움의 교육 체계에 따라 목표를 설정하고 있어. 그렇기 때문에 김나지움이 방향을 잘못 잡으면 다른 모든 교육기관들이 영향을 받게 돼. 김나지움을 새롭게 다시 가꾸고 정화하는 것은 나머지 교육기관을 가꾸고 정화하는 것이나 마찬가지라네. 한 가지 중요한 관점에서 보면, 대학조차도 김나지움만큼 중요하지 않아. 이 관점에 대해서는 조금 있다가 설명할 거야. 현재 형식이라면, 대학도 단지 김나지움의 확장에 지나지 않아.

"우선은 내가 두 가지 중 하나가 일어날 수밖에 없다고 희망을 품고 있는 이유를 고려해 보도록 하자. 지금 김나지움의 정신 같은 것이 있는지 도무지 감이 잡히지 않지만, 어쨌든 김나지움의 정신이 스스로 허공 속으로 사라지든지, 아니면 그 정신이 철저히 새로 태어나고 순화되든지 할 것이라고 나는 생각하고 있어. 일반적인 이야기로 자네를 실망시키지 않기 위해, 먼저 우리 모두가 김나지움에서 경험한 것들을 바탕으로 이야기를 구체적으로 전개해 나가도록 하자. 우리 모두는 지금도 그 경험의 영향으로부터 결코 자유롭지 않거든. 비판적인 시선으로 판단한다면, 오늘날 김나지움의 독일어 수업은 정확히 뭐라고 말할 수 있을까?

"먼저, 독일어 수업이 어떤 것이어야 하는지에 대해 말하겠네. 오늘날 모든 사람이 너무나 자연스럽게 천박하고 나쁜 독일어로 말을 하고 글을 쓰고 있어. '독일 신문'에 쓰이는 그런 독일어로. 지체 높은 집안의 젊은이가 훌륭한 취향을 가꾸고 언어 훈련을 엄격하게 받아야 하는 이유도 거기에 있어. 그런 훈련이 가능하지 않은 상황이라면, 지금의 독일어처럼 저급한 언어를 쓰는 것은 수치스러운 일이니 차라리 라틴어만을 쓰는 게 바람직해.

"언어적으로 거칠고 단정하지 못한 젊은이들을 엄격한 규칙과 권위로 올바른 길로 이끌지 못한다면, 고등 교육기관의 임무는 도대체 무엇이란 말인가? 제대로 된 교육기관이라면 젊은이들에게 이런 식으로 명령을 해야 하는 것이 아닐까? '언어를 신중하게 사용하라! 언어 사용에 신성한 의무를 느끼지 못한다면, 내면에 보다 세련된 문화의 씨앗을 뿌릴 수 없어. 모국어를 사용하는 방법을 보면, 너희들이 예술을 어느 정도로 존경하고 있는지 알 수 있어. 또 너희들이 모국어에 얼마만큼 애정을 느끼고 있는지도 알 수 있어. 만약에 오늘날 저널리즘이 습관적으로 쓰는 단어나 표현 방식에 아무런 혐오감을 느끼지 않는 사람이라면, 문화를 추구할 생각을 포기하는 게 나아. 왜냐하면 삶을 살면서 말을 하거나 글을 쓸 때마다 오늘날 교양인이 된다는 것 자체가 얼마나 어렵고 힘든 일인지를 뼈저리게 느끼게 될 것이기 때문이야. 또 진정한 교양인으로 성장할 수 있는 사람은 극소수에 불과하기 때문이야.'

"만약에 이것이 독일 김나지움의 원칙이 된다면, 독일 선생의 임무는 학생들의 언어 사용에 세심히 귀를 기울이면서 부적절한 언어 사용에 대해 따끔하게 지적해주고 비속어를 사용하지 못하도록 금지시키는 일이 될 것이네. 선생은 또한 학생들에게 예술에 대한 진정한 사랑을 가슴에 키우고 또 완벽한 분별력을 이룬다는 목표를 달성하려면 독일 고전을 표현 양식까지 하나씩 꼼꼼히 파악하며 읽어야 한다는 점을 가르쳐 줘야 할 것이네. 선생은 또 자기 학생들이 똑같은 사고를 거듭해서 표현하도록 해야 할 거야. 그러면서 학생들이 자신의 사고를 표현할 때마다 조금씩 더 향상되도록 이끌어야 하지. 선생은 재능을 덜 타고난 학생들이 가슴 속에 언어에 대한 경외심을 품고 재능을 더 타고난 학생들이 고상한 열정을 품을 때까지 학생들의 언어를 지도하는 노력을 멈춰선 안 돼.

 "이런 것이 소위 '형식적 교육'(formal education)(정신적 기능을 발달시키는 데 초점을 맞춘 교육을 말한다. 역사와 수학 등 사실들을 습득하는 것을 목적으로 하는 교육은 '실질적 교육'(material education)이라 불린다/옮긴이)의 임무라네. 교육의 임무 중 가장 값진 임무에 속하지. 그런데 지금 김나지움에서 형식적 교육이 이뤄지는 현장을 보면 어떤가? 김나지움에서 현재 벌어지고 있는 일에 대해 진정으로 판단할 수 있는 사람이라면 아마 김나지움이 하나의 교육기관으로서 어떠해야 하는지도 알게 될 걸세. 문제 의식을 가진 사람은 김나지움의 형식적 교육이 이뤄지는 현장을 찾는 즉시 김나지움이 진정한 교육을 촉진시키지 않고 단순히 지식을 위한 교육만을 시키고 있다는 사실을 확인할 거야. 아니, 김나지움이 나아가고 있는 길을 보면 최근엔 단순한 지식을 위한 교육마저 버리고 저널리즘만을 추구하고 있는 것이 아닌가 하는 의구심이 들 정도야. 독일어를 가르치는 것을 보면 이 같은 추세가 아주 분명하게 드러나고 있어.

"선생들은 학생들이 언어를 엄격한 원칙에 따라 사용하면서 스스로 언어 능력을 키우도록 유도함으로써 순수하게 실용적인 가르침을 전하거나 학생들이 자기 향상에 익숙해지도록 해야 해. 그런데도 선생들은 그렇게 하지 못하고 모국어인 독일어에 고리타분하게 역사적이고 학문적으로만 접근하고 있어. 독일어를 마치 죽은 언어처럼 가르치고 있다는 뜻이야. 독일어의 현재와 미래에 대해선 전혀 아무런 의무감을 느끼지 않은 채 말이네. 이 같은 역사적 접근 방법이 우리 시대에 너무나 팽배해 있기 때문에 현재 쓰이고 있는 언어까지도 세세한 분석의 대상이 되면서 희생되고 있어. 그러나 교육은 살아 있는 것을 살아 있는 것으로 이해하는 바로 거기서 시작하는 거야. 교육자의 임무는 사방에서 압력을 가하고 있는 '역사적 관심'을 물리치는 거야. 그 '역사적 관심'이 단순히 무엇인가를 이해하는 쪽에 있지 않고 적절한 행동을 찾는 쪽으로 모아질 때, 그런 역사적 관심을 억누르는 것이 특히 더 필요해. 학생들은 모국어를 적절히 사용하는 방법을 배워야 해. 그리고 이런 실용적인 관점이 교육기관이 독일어를 가르치는 유일한 명분이야. 물론 선생의 입장에서 보면 역사적 접근 방법이 훨씬 더 쉽고 훨씬 더 편해 보여. 이런 접근법은 재능이 덜한 사람에게도 적절하고 또 노력과 의지를 그다지 많이 요구하지 않거든. 그러나 쉽고 편리한 것은 언제나 그럴 듯한 전문 용어와 화려한 수사(修辭)로 위장을 하게 되어 있어. 오늘날 교육 분야에서 우리가 목격하고 있는 것이 바로 그런 거야. 진정한 교육에 걸맞은 실용적 접근은, 말하자면 교육의 효과를 제대로 발휘하는 접근법은 기본적으로 더 어렵게 마련이고, 따라서 선생들에게 기피와 혐오의 대상이 되고 있어. 정직한 선생이 자기 자신에게나 다른 사람에게나 똑같이 이 같은 사실을 솔직히 밝혀야 하는 이유도 거기에 있는 거야.

"이런 학문적 고려 외에, 학생들이 독일어를 공부하도록 유도하기 위해 제시할 수 있는 동기부여로 어떤 것이 있을까? 선생이 자신이 몸담고 있는 교육기관의 정신과 독일 사람들 중에서 진정으로 교양을 갖춘 극소수의 사람들, 말하자면 유명한 시인과 예술가들의 정신을 어떤 식으로 연결시킬 수 있을까? 이 부분은 어둑하고 모호한 영역이라네. 이 영역으로 빛을 비추려면 큰 용기가 필요해. 그래도 우리는 이 영역의 깊은 속을 들여다보길 거부하면 안 돼. 언젠가 이 영역의 모든 것도 다시 새롭게 다듬어져야 할 거야. 오늘날의 김나지움을 보면, 아직 채 형성되지 않은 학생들의 정신이 감각적인 저널리즘의 병적 특징들에 의해 오염되고 있어. 선생들이 앞장서서 탁월한 독일 고전 작가들을 잘못 이해할 씨앗을 뿌리고 있어. 독일 작가들을 그릇 해석하려 드는 선생들의 행태는 훗날 학생들을 통해서 미학적 비평 비슷한 것으로 꽃을 피우게 될지 모르지만 실제로 보면 이 비평도 오만하기 짝이 없는 야만에 지나지 않아. 김나지움에서 학생들은 거장 실러에 대해 치기 어린 교만을 품으면서 말하는 방법을 배우고 있어. 학생들은 실러의 작품에 등장하는 인물 중에서 대단히 고귀하고 또 독일적인 인물, 다시 말해 실러의 오페라 작품 '돈 카를로스'(Don Carlos) 속의 포사의 후작과 희곡 '발렌슈타인'(Wallenstein) 속의 막스와 테클라를 조롱하는 쪽으로 배우고 있어. 학생들의 이런 시건방진 조롱은 독일 정신을 모욕하는 짓이 아닐 수 없으며, 훗날 보다 훌륭한 후손들은 이 시대를 떠올리면서 얼굴이 화끈거리는 것을 느끼게 될 거야.

"독일 김나지움의 전형적인 선생이 맡는 중요한 영역은 소위 독일어 에세이야. 이 영역은 종종 선생들의 활동 분야 중에서 가장 의미 있는 분야이며 가끔 김나지움의 전체 교육 중에서 최고봉을 이루고 있어. 이 과제를 특별히 즐거움을 느끼며 처리해 내는 학생은 거의 언제나 재능이 가장 뛰어난 학생들이지. 이 같은 사실 하나만으로도 독일어 에세이라는 과목이 아주 매력적임과 동시에 위험하다는 사실을 알수 있어. 에세이는 학생의 개성에 호소력을 지녀. 그렇기 때문에 자신의 특별한 특성을 잘 아는 학생일수록 독일어 에세이에 '개인적 특징'을 뚜렷이 남기게 돼. 대부분의 김나지움은 심지어 학생들에게 제시하는 주제를 통해서 이런 '개인적 특징'을 뚜렷이 남길 것을 요구하고 있어. 내가 볼 때, 이같은 사실을 보여주는 가장 분명한 증거는 저학년 학생들에게 자신의 삶과 발달에 대해 묘사하도록 한다는 점이야. 이는 그 자체로 비교육적인 주제가 아닐 수 없어. 김나지움 몇곳만을 골라서 에세이 주제들을 한 번 훑어보도록 해. 그러면 학생들의 절대다수가 자신의 잘못은 전혀 없는데도 지나치게 일찍 요구한 이런 개성 때문에 평생 동안 고통 받는다는 확신을 품게 될 거야. 학생들이 정신이 아직 충분히 성숙되지 않은 상태에서 설익은 생각들을 품게 된 결과 삶을 살면서 힘들어 하게 된다는 뜻이야. 성인들의 글쓰기를 보면 이런 식으로 김나지움 교육이 정신에 가한 원죄의 슬픈 결과로 힘들어 하는 사람이 얼마나 많은지 몰라.

"그처럼 어린 나이에 개성이 돋보이는 에세이를 써야 할 때 그런 글을 쓰는 본인에게 어떤 일이 벌어지는지 한 번 생각해 보자. 에세이는 학생이 자신의 힘으로 처음 쓰는 글이야. 그렇다면 에세이를 통해서, 아직 제대로 발달되지도 않은 상태에 있는 학생의 여러 가지 힘들이 서로 결합하면서 처음으로 구체화되겠지. 개성을 최대한 발휘하며 글을 쓰라는 주문을 받았다는 느낌 때문에, 그 결과물은 새로움의 어떤 마법적 후광 같은 것을 두르게 될 것이며 결코 지워지지 않을 인상을 남기게 될 거야. 학생의 깊은 내면에 자리 잡고 있는 온갖 대담성이 다 발휘될 것이고, 학생의 허영심은 어떠한 장애물의 방해도 받지 않은 상태에서 처음으로 문학적 형식으로 표현될 거야. 그 이후로, 학생은 자기 자신에 대해 완성된 존재라고 느끼고 또 유능하다고 느끼면서 어떤 사람과도 동등한 조건에서 대화해야 한다는 의무감 같은 것을 느끼게 될 거야. 학생들에게 주어진 주제들은 학생들이 시 작품들을 놓고 순위를 매기도록 강요하고, 역사 속의 인물들을 대략적인 성격을 바탕으로 서로 묶도록 하고, 진지한 윤리적인 문제들을 독립적으로 타파하게 하고, 심지어 자기 자신 쪽으로 각광을 돌리면서 자신의 발달을 묘사하고 자기 자신에 대해 비판적인 보고를 하도록 하고 있어. 한마디로 말해, 지극히 지적이고 자기성찰적인 과제들이 사실 그때까지 자기인식조차 제대로 갖추지 못한 젊은이들에게 안겨지고 있는 거야. 그러면서 그 과제들을 학생들이 스스로 알아서 판단할 문제로 만들고 있는 거야.

"이젠 학생들이 처음으로 독창적으로 쓴 에세이에 대해 선생들이 전형적으로 어떤 식으로 반응하는지에 대해 생각해 보자. 이때 선생들의 반응은 당연히 어린 학생들에게 지대한 영향을 미치게 마련이야. 선생은 어떤 것을 가치 있는 비평이라고 여길까? 선생은 학생들이 어떤 것들에 주의를 쏟도록 할까? 정말 엉뚱하게도 선생은 학생들이 터무니없는 형식이나 생각에 관심을 두도록 유도하고 있어. 다시 말하면, 어린 나이에 전형적으로 나타나는 것들과 특별한 것들을 강조한다는 뜻이야. 학생이 진정한 개성을 갖고 있다 하더라도 지나치게 어린 나이에 솔직히 표현하라고 하면 학생의 개성은 당연히 과장되거나 어색하거나 기괴한 형태로 드러날 수밖에 없어. 그럼에도 어색한 그것이 바로 학생의 개성이야. 그런데도 선생은 이런 글을 쓰는 학생들을 꾸짖고 나무라면서 엉뚱하게도 독창적이지 않고 순응적이고 매끈한 글을 선호하고 있어. 그러다 보니 융통성 없고 평범한 글이 칭송의 소리를 듣게 되지. 그런데 선생의 그런 엉뚱한 칭송에도 특별한 성의가 느껴지지 않아. 선생 본인이 그런 칭송에 물려 있기 때문이야.

"아마 이 같은 에세이 과제를 그야말로 소극(笑劇)으로 보는 사람들도 있을 거야. 말하자면 에세이 과제를 오늘날 김나지움이 안고 있는 가장 부조리한 특성뿐만 아니라 가장 위험한 특성으로 보는 사람도 있을 것이라는 뜻이야. 에세이는 당연히 독창성을 요구해. 그런데 그 연령 특유의 독창성이 부정되고 있어. 에세이는 정신이 성숙한 뒤에도 오직 극소수의 사람만이 습득할 수 있는 형식적인 교육을 전제로 하고 있어. 김나지움의 에세이 과목은 모든 학생들을 문학을 할 수 있는 능력을 갖춘 존재로, 또 대단히 훌륭한 인물과 대상들에 대해 자신의 견해를 가질 수 있는 존재로 보고 있어. 반면에 진정한 교육이라면 어린 학생이 독립적으로 판단할 줄 알아야 한다는 이런 터무니없는 주장을 가능한 한 억누르려고 노력할 거야. 그러면서 대신에 학생들에게 천재들의 권위에 철저히 복종할 것을 요구할 거야. 진정한 교육자라면, 말로 표현하거나 글로 쓰는 문장마다 야만적이고 무례한 감정이 배어나오기 마련인 연령의 학생들에게 보다 큰 틀에서 생각을 담아내라고 요구할 거야. 그 나이에 자기만족을 느끼기가 얼마나 쉬운지도 잊지 말아야 해. 자신의 문학적 결과물을 처음 들여다보면서 느낄 학생의 허영심에 대해 생각해보라구. 이런 모든 것들을 두루 고려한다면, 이 같은 교육적 관행이 자라나는 세대에게 현재 독일의 문학과 예술 분야를 해치고 있는 모든 요소들을 고스란히 물려주고 있다고 누가 의심하지 않을 수 있겠어? 자기 과신에서 성급하게 결과물을 내놓거나, 자격에 미달하는 저자들이 책을 많이 쓰거나, 문장의 완성도가 크게 떨어지거나, 미학적 규범이 결여되어 있거나, 아나키와 카오스가 두드러지게 나타나는 풍토가 김나지움 교육을 통해 대물림되고 있어. 이 요소들을 한마디로 요약하면, 독일 저널리즘과 지식인의 문학적 특징이라고 할 수 있어.

"그러다 보니, 세상에 내놓아도 좋을 만큼 훌륭한 글을 쓸 수 있는 사람은 기껏해야 천 명에 한 명꼴에 지나지 않는다는 사실을 깨닫는 사람은 거의 없어. 천 명 중 한 사람에 해당하는 사람을 제외한 다른 모든 사람들은 자신의 문장이 활자로 인쇄되는 것을 보는 데 대한 보상으로 글을 진정으로 판단할 줄 아는 독자들로부터 비웃음밖에 사지 못할 거야.

왜냐하면 그런 모양새는 틀림없이 신들에게 웃음거리밖에 되지 않을 테니 말이네. 문학의 헤파이스토스(그리스 신화에 등장하는 기술과 대장장이, 장인, 조각가, 야금(冶金), 불의 신/옮긴이) 같은 존재가 자신이 낳은 병적인 산물들을 갖고 절름거리는 모습을 지켜보는 것이 신들에게 당연히 우습게 보이지 않겠는가. 진지하고 엄격한 비판의 습관을 들이도록 가르치는 것이 형식적인 교육의 가장 중요한 임무의 하나야. 반면에 모든 사람이 '개인적 인격'을 갖도록 무조건적으로 격려하는 것은 야만의 한 신호에 지나지 않아. 그러나 지금까지 내가 말한 내용을 종합적으로 판단할 경우에 오늘날 독일 김나지움의 수업은 교육을 시키는 것이 아니라 '개인적 인격'을 촉진시키고 있음에 분명해. 김나지움이 독일어 에세이를 통해서 경멸스럽고 무책임한 글쓰기를 계속 조장하는 한, 또 김나지움이 학생들이 일상적으로 쓰는 구어와 문어에 대해 실용적인 훈련을 시키는 것을 신성한 의무로 받아들이길 거부하는 한, 그리고 김나지움이 모국어를 그저 필요약이나 죽은 언어처럼 다루는 한, 나는 김나지움을 진정한 의미에서 말하는 교육기관으로 보지 않아.

"무엇보다, 김나지움의 언어 교육은 고전의 영향을 받고 있다는 흔적을 전혀 보이지 않고 있어. 내가 생각하기엔, 이 같은 사실 하나만으로도 독일의 김나지움이 소위 고전 교육을 제공하고 있다는 주장을 일축하기에 충분해. 고대 그리스인들과 로마인들이 어려서부터 자신의 언어를 다루면서 쏟은 열성과 진지함은 단번에 확인돼. 옛 그리스와 로마의 세계가 하나의 모델이 될 수 있는 이유도 바로 거기에 있어. 그리스와 로마의 세계가 모델이 될 수 있다는 사실을 보지 못할 사람이 과연 있을까? 그리스와 로마의 세계가 다른 측면에서도 김나지움 교육 프로그램에 가장 중요하고 교훈적인 모델로 높이 치켜세워지고 있는 상황에서 말이네(이 부분에 대해서도 나는 독일어 에세이 교육에서와 마찬가지로 의문을 품고 있어). '고전 교육'의 씨앗을 뿌린다는 김나지움의 주장은 정말로 당혹스런 변명에, 말하자면 문화를 주입시키는 김나지움의 능력에 대해 의문이 제기될 때마다 꺼내드는 변명에 불과해. 고전 교육이라고! 구호야 아주 그럴 듯하게 들리지! '고전 교육'의 씨앗을 뿌린다는 거창한 구호 앞에서, 김나지움을 공격하던 사람도 자신의 태도를 부끄러워하며 슬쩍 꼬리를 내리게 돼. 왜냐하면 '고전 교육'이라는 구호처럼 모호하고 애매한 구호는 그 본질을 파고드는 데 시간이 많이 걸리기 때문이야.

"김나지움이 습관처럼 내세우는 전략은 이런 거야. 비난의 함성을 지르는 방향이 어디냐에 따라 김나지움의 방패에다가 '고전 교육'이나 '형식적 교육' '학문적 훈련' 등 3가지 혼란스런 슬로건 중 하나를 써 붙이고 있어. 이 3가지 슬로건은 불행하게도 자기모순을 안고 있거나 부분적으로 서로 모순을 일으키고 있어. 이 3가지를 강압적으로 하나로 결합하면 반은 사슴이고 반은 염소인 그런 신화 속의 동물 같은 이상한 것이 되고 말아. 진정한 '고전 교육'은 대단히 드물고 어려우며 다양한 재능을 요구해. 그렇기 때문에 아주 순진하거나 수치심을 모르는 사람들만이 그것을 김나지움이 성취할 수 있는 목표로 제시할 수 있어. '형식적 교육'이라는 표현은 조잡하고 철학적 통찰력이 부족함을 드러내는 슬로건에 지나지 않아. 사람들이 어떤 수를 써서라도 버려야 할 것이 바로 '형식적 교육'이 아닌가. '형식적 교육'과 반대되는 교육으로 여겨지는 '실질적 교육'이란 것도 실제론 존재하지 않아. 마지막으로, '과학적 교육'을 김나지움의 목표로 내세우는 사람은 '고전 교육'이나 소위 '형식적 교육'을 포기하고, 따라서 김나지움의 전체 교육 과정을 포기하는 것이나 마찬가지야. 왜냐하면 과학적인 사람과 진정으로 문화를 아는 교양인은 서로 다른 두 영역에 속하기 때문이야. 이 두 영역은 각 개인에게서 이따금 겹치지만 동시에 이뤄지거나 완전히 겹치는 일은 결코 일어나지 않아.

"김나지움이 제시한 3가지 목표와 우리가 독일어 수업 시간에 직접 목격한 것을 비교해보면, 이 목표들이 실제로 의미하는 바가 무엇인지 금방 눈에 들어와. 부끄러운 평계에 지나지 않고, 전투에서 쓸 모호한 작전에 지나지 않는다는 사실이 확연히 드러난다는 뜻이야. 그런데 이 작전이 종종 적을 당황하게 만드는 효력을 발휘하고 있어. 독일어 교육에 우리가 고전이라고 부를 만한 그런 장대한 고대 언어 교육을 떠올리게 하는 것은 전혀 없어. 앞에서 말한 바와 같이, 독일어 에세이는 '개인적 인격'이라는 독단적인 성격을, 달리 표현하면 무질서와 야만을 키우는 그런 형식적인 교육을 제공하고 있어. 이 같은 교육에서 비롯될 학문적 훈련에 대해선 독일 교수들의 객관적인 평가에 맡기고 싶어. 대학의 각 학과들이 김나지움의 이런 초기 노력으로부터 도움을 어느 정도 받고 있는지를 말이야. 또 대학교에서 가르치는 강사들의 개인적 인격이 대학 학과에 얼마나 큰 도움이 되고 있는지에 대해서도 대학 교수들에게 객관적인 판단을 맡기고 싶어. 김나지움의 교육이나 개인적 인격 양성은 아마 대학 학과에 거의 도움이 되지 않을 것이네.

"요약하면 이렇다고 볼 수 있어. 김나지움은 진정한 교육이 시작되는 어느 한 분야를 무시했으며 지금도 여전히 무시하고 있어. 현실적으로 가장 절실히 필요한 모국어가 바로 그 분야야. 그 결과, 미래의 교육 과정에 반드시 필요한, 자연스럽고 비옥한 토양이 실종되고 말았어. 오직 예술적으로 세심하게 다듬은 언어적 기준만이 고전 작가들의 훌륭함에 대한 존경심을 다시 일으킬 수 있어. 그러나 지금까지 김나지움은 일부 비극과 소설의 내용을 근거로 하거나 아니면 개별 선생들의 의문스런 미학적 취향을 바탕으로 고전을 칭송하거나 폄하해 왔어. 그럼에도 우리 모두는 개인적 경험을 통해서 언어가 대단히 어렵다는 사실을 알아야 해. 누구나 오랫동안 탐구하고 열심히 노력한 뒤에야 위대한 시인들이 걸었던 길을 발견할 수 있어. 그리고 나서야 사람들은 위대한 시인들이 그 길을 대단히 우아하게 걸었으며 그들의 뒤를 다른 사람들이 경직된 자세로 조심스럽게 걸었다는 사실을 깨닫게 될 거야.

"그런 훈련을 거친 뒤에야, 오직 그런 과정을 착실히 걸은 뒤에야, 젊은이는 오늘날 저널리즘의 대량 생산자들과 소설가들 사이에서 사랑과 칭송을 받고 있는 '우아한' 문체와 학자들의 '세련된 어법'에 오히려 혐오감을 느끼게 될 거야. 그러면 젊은이는 진짜 코미디 같은 논쟁이나 도덕관념 같은 것을 단 한 번의 도약으로 영원히 뛰어넘게 될 거야. 코미디 같은 논쟁의 예를 들자면, 베르톨트 아우어바흐(Berthold Auerbach)와 칼 쿠츠코(Karl Gutzkow)가 위대한 작가인가 하는 문제가 있어. 아마 훈련을 거친 젊은이는 이들의 글을 너무 혐오한 나머지 아예 읽지도 않으려 들 것이고, 그러면 문제는 저절로 해결되는 거야. 이 젊은이처럼 수준이 떨어지는 작품에 혐오감을 느낄 만큼 감수성을 기르는 것이 쉬운 일이라고 생각하지 않도록 하게. 하지만 언어의 험난한 길이 아닌 다른 길로 미학적 감각을 얻는 것이 가능하다는 희망을 품어서는 안 돼. 여기서 말하는 언어의 길이란 언어학을 공부한다는 뜻이 아니라 언어를 적절히 아름답게 사용하는 훈련을 스스로 열심히 한다는 뜻이야.

"언어를 연마하기 위해 진지하게 노력하는 것은 성인이 된 사람이 예를 들어 훌륭한 군인이 되기 위해 노력하는 것과 비슷해. 다소 어려운 과정이지. 누구나 처음 군대에 들어가면, 사회에서 자유롭게 누렸던 다양한 걸음걸이를 포기하고 집단이 원하는 걸음을 배워야 해. 단순히 군대가 요구하는 걸음걸이를 배우는 데에도 몇 개월 고생해야 한다네. 신병은 잘못하다가 힘줄이 끊어지는 것이 아닌가 하고 두려워하게 될 거야. 그러면서 그는 인위적으로 배운 걸음걸이를 현실에서 그대로 실천할 수 있을지 의문을 품게 될 거야. 자신이 한쪽 발을 다른 쪽 발 앞에 서투르게 옮겨놓는 모습이 처음엔 충격으로 느껴질 거야. 발을 자연스럽게 뗄 수 있을 때까지, 걸음걸이를 제대로 배우지 못하는 것이 아닌가 하는 걱정이 들기도 할 거야. 그러다가 어느 순간 그는 의식적으로 훈련을 통해 익힌 움직임이 습관이 되고 제2의 천성이 되었다는 사실을 깨닫게 될 거야. 그의 큰 걸음에 다시 힘과 확신이 돌아오며, 걸음걸이가 예전보다 더 활기차고 어떤 우아

함까지 느껴지게 될 거야. 이제 그는 걸음을 제대로 걷는 것도 대단히 어려운 일이라는 사실을 알게 되며, 따라서 우아한 척 걷는 갖가지 걸음걸이를 조롱할 권리를 얻게 돼. 우리의 '우아한' 저자들은 걸음을 걷는 법을 한 번도 배우지 않았어. 그들의 문체가 그 같은 사실을 뒷받침하고 있어. 우리의 김나지움도 마찬가지로 이 기술을 가르치지 않았어. 우리의 작가들이 그것을 증명하고 있어. 그러나 언어를 적절히 구사하는 것이 교양의 시작이란 것을 알아야 해. 제대로만 시작된다면, 언어의 적절한 사용은 최종적으로 '구역질' 나게 만드는 그런 '우아한' 작가들에게 민감하게 반응하는 감수성을 낳게 될 거야.

"여기서 우리는 김나지움 제도의 불길한 결과를 보고 있어. 김나지움은 무엇보다도 복종과 습관화를 의미하는, 진정하고 엄격한 교육을 전하지 못하고 있어. 기껏해야 김나지움은 학문적 충동을 고무하고 자극할 수 있을 뿐이야. 이 같은 사실은 우리가 자주 확인하는, 지식과 야만적

취향의 결합을, 학계와 신문의 결합을 설명해주고 있어. 오늘날 학자들은 거의 예외 없이 독일 교육이 한때 괴테와 실러, 레싱(Gotthold Ephraim Lessing), 빙켈만(Johann Joachim Winckelmann) 등의 노력에 힘입어 도달했던 수준에 훨씬 못 미치고 있어. 아니, 나의 판단엔 그 수준 아래로 잠겨 버렸다고 말하는 게 더 맞을 것 같아. 이 같은 수준 저하는 문학 역사학자들(게르비누스(Georg Gottfried Gervinus)와 슈미트(Heinrich Julian Schmidt) 등)이 이 위대한 인물들에 대해 총체적으로 오해하고 있다는 사실에서 극명하게 나타나고 있어. 물론 다른 사람들에게서도 그런 수준 저하가 확인되고 있지. '교육 받은' 남녀들 사이의 대화에서 특히 더 뚜렷하게 나타나고 있어.

"그럼에도 이 수준 저하를 가장 분명하게 뒷받침하는 증거는 슬프게도 바로 김나지움에 관한 교육계의 글이야. 반세기 이상 동안, 교육계의 글은 이런 위대한 인물들이 진정한 교육제도의 확립에 기여할 수 있는 가치를 인정하기는커녕 그런 가치에 대해 언급조차 하지 않았어. 이런 위대한 인물들을 통해서만 고전의 세계로 들어가는 것이 가능한데도, 그들이 고전 교육의 지도자와 안내자로서 지니는 가치를 몰라보고 있는 거야. 소위 고전 교육을 위한 건전한 출발점은 딱 하나뿐이야. 모국어를 쓰는 훈련을 엄격히, 또 진지하게 하는 것이 그 시작이 되어야 해. 어느 누구도 혼자서는 고전의 세계로 들어가는 길과 형식의 비밀을 발견하지 못해. 극소수의 사람을 빼고는 모두가 위대한 지도자와 선생을 필요로 하고 그들의 보호를 믿어야 해. 그러나 만약에 형식에 대한 감각이 완전히 발달하지 않은 상태라면, 고전 교육 또는 문화가 성장할 길은 전혀 없어. 혐오감을 불러일으키는 조잡함과 형식을 식별할 줄 아는 감수성을 일깨우는 거야말로 우리를 문화의 진정한 고향으로, 말하자면 그리스로 데려다줄 수 있는 날개의 첫 번째 날갯짓이야. 우리가 아득히 먼 그리스 문화의 성채까지 닿으려고 노력할 때, 물론 그 날개만으로는 우리를 그리 멀리 데려다 주지 못해. 만약에 높이 날아오르길 원한다면, 우리에겐 이런 지도자들, 이런 선생들, 독일 고전 작가들이 필요해. 고대를 추구하던 그들의 날갯짓 아래에서, 우리는 그들이 간절히 갈망했던 땅 그리스로 향하는 길로 오르게 될 거야.

"말할 필요조차 없긴 하지만, 독일의 고전 작가들의 지도를 받아야만 고전 교육을 이룰 수 있다는 나직한 속삭임은 김나지움의 벽을 뚫지 못했어. 그러기는커녕, 우리의 문헌학자들은 아무런 도움을 받지 않는 젊은 영혼들에게 호메로스(Homer)와 소포클레스(Sophocles)의 작품을 그대로 안기려고 끊임없이 애를 쓰고 있어. 그런 식으로 해놓고 문헌학자들은 그것을 '고전 교육'이라고 부르고 있으며, 다소 모호한 이 표현에 아무도 반대를 하지 않고 있어. 여기서 우리 각자의 경험을 돌아보면서 이런 식으로 지칠 줄 모르고 어린 영혼들에게 고전을 안기는 선생들이 우리에게 호메로스와 소포클레스에 대해 얼마나 많은 것을 가르쳐 주었는지 냉정하게 한 번 판단해 봐. 지금 우리는 아주 널리 퍼져 있으면서도 대단히 강력한 착각의 영역 안에, 의도하지 않게 널리 퍼진 오해의 영역 안에 서 있어. 나는 지금까지 독일 김나지움에서 진정으로 '고전 교육'이라 불릴 만한 흔적조차 찾지 못했어. 그런데 김나지움이 독일 고전과 독일어 교육을 마음대로 피할 수 있다는 사실을 감안한다면, 이 같은 사실은 전혀 놀라운 일이 아니야. 고전의 세계는 맹목적으로 허공으로 도약한다고 해서 닿을 수 있는 그런 곳이 절대로 아니야. 그런데도 학교에서 고대 작가들을 다루는 과정은 허공으로 맹목적으로 도약하고 있는 꼴이거든.

"사실 고대 그리스 문화에 대한 감각을 키우는 것은 문화와 예술적 재능을 대단히 열정적으로 추구한다 하더라도 예외적으로만 얻어질 수 있는 결실이야. 그렇기 때문에 김나지움이 고대 그리스 문화에 대한 감각을 일깨웠다고 주장하는 것 자체가 터무니없는 오해일 뿐이야. 어느 시대 사람들의 내면에서 그런 문화에 대한 감각을 일깨운단 말인가? 시대의 현란한 유행에 맹목적으로 휩쓸릴 만큼 어린 학생의 마

음에 그런 감각을 일깨운다고? 설령 고대 그리스에 대한 감
각이 일깨워진다 하더라도, 그 감각이 당대의 문화에 맞서
서 지속적으로 꾸준히 싸움을 벌일 수 있어야만 표현될 수
있다는 사실을 알기엔 학생들의 나이가 너무 어려. 오늘날
의 김나지움 학생에게, 그리스인들은 죽은 존재들이야. 김나
지움 학생도 호메로스에서 어느 정도 즐거움을 얻어. 하지만
프리드리히 슈필하겐(Friedrich Spielhagen)의 작품이 훨씬
더 재미있어. 정말로, 김나지움 학생도 그리스 비극과 희극
을 읽으며 행복해 해. 그러나 구스타프 프라이타크(Gustav
Freytag)의 '저널리스트들'(The Journalists) 같은 현대 드라
마는 학생을 완전히 다른 길로 이끌어. 김나지움 학생은 고
대의 모든 작가들을 탐미적인 작가 헤르만 그림(Hermann
Grimm)과 같은 작가로 생각하는 경향이 있어. 그림이라면
어느 때인가 '밀로의 비너스'에 대해 복잡하게 뒤얽힌 에세
이를 쓰면서 이렇게 말한 인물이 아닌가. '이 여신의 형상이
나에게 왜 중요한가? 이 여신이 나의 내면에서 일깨우는 생

각이 나에게 무슨 소용이 있는가? 오레스테스와 오이디푸스, 이피게니아와 안티고네, 그들이 나의 가슴과 무엇을 공유한단 말인가?' 그렇지, 김나지움 학생들이여. 밀로의 비너스는 너희들과 아무런 관계가 없고 … 마찬가지로 너희들의 선생과도 거의 아무런 관계가 없지!

"이것이 오늘날 김나지움의 슬픈 운명이야. 이것이 김나지움의 비밀이지. 김나지움 학생들의 안내자가 앞을 보지 못하는 장님이면서도 선각자를 자처하고 나서는 상황에, 누가 학생들을 문화의 고향으로 안내할까? 말하는 법을 배워야 할 때 홀로 더듬도록 격려하고, 훌륭한 예술 작품을 경건하게 숭배해야 할 때 혼자 힘으로 아름다움을 추구하도록 고무하고, 위대한 사상가들의 말에 귀를 기울여야 할 상황에 혼자 힘으로 철학하도록 격려하는 방법으로 학생들을 망가뜨리고 있는 때, 그 학생들 중 누가 예술의 성스러움과 진지함에 눈을 뜨는 단계까지 오를 수 있겠는가? 김나지움이 바람직하지 않은 방법을 채택한 결과, 학생들은 고대의 예술적 향기를 영원히 맡지 못한 채 단순히 현재의 노예로 만족하고 있어.

"그래도 김나지움이 취하고 있는 조치 중에서 가장 건전한 것은 그리스어와 라틴어를 중요하게 받아들이고 있다는 사실이야. 그 덕에 학생들은 몇 년에 걸쳐서 그리스어와 라틴어를 배우고 있어. 그 과정에 학생들은 문법과 사전, 그리고 규칙에 맞는 언어를 존중하는 법을 배우고 있어. 그러다 보니 그리스어와 라틴어의 경우에는 잘못이 무엇인지가 분명히 드러나고, 따라서 실수가 저질러져도 독일어 문체의 경우와 달리 다양한 문법 및 철자법과 엉터리 형식 같은 것을 내세우며 변명하는 수고를 할 필요가 없어. 언어에 대한 이런 존경심만이라도 일관되게 지켜진다면 얼마나 좋을까? 그런데 모국어인 독일어로 돌아오는 순간, 이 같은 이론적 부담을 헌신짝 버리듯 던져 버리니! 라틴어나 그리스어 선생은 대체로 모국어에는 신경을 쓰지 않아. 처음부터 모국어를 라틴어와 그리스어를 힘들여 공부한 뒤에 휴식을 취하는 곳 정도로 다루고 있어. 독일인들이 자신들에게 고유한 것들을 다룰 때처럼 독일어에도 느슨하게 접근하고 있는 거야. 한 언어를 다른 언어로 옮기는 멋진 작업은 원래 지극한 정성과 품격이 필요하고 따라서 자국 언어에 대한 예술적 감각을 키우는 데 아주 큰 도움이 돼. 그런데 독일어로 옮기는 작업에는 정작 독일어의 규칙이 제대로 잡히지 않은 탓에 그런 정성과 존엄으로 임하지 않아. 게다가 이런 번역 작업마저도 갈수록 줄어들고 있어. 사람들은 그냥 고전 외국어를 이해하는 것으로 만족하면서 그것을 현실에서 사용하는 수고를 하지 않으려 들어.

"여기서 우리는 김나지움을 학문적인 기관으로 보는 경향을 다시 확인하고 있어. 이는 인문 교육을 제공하겠다는 예전의 진지한 포부와 정반대 현상이야. 탁월한 인물인 프리드리히 볼프(Friedrich August Wolf)가 독일의 위대한 시인들과 극소수 교양인들을 거쳐 흘러나오고 있던 그리스와 로마의 새로운 고전 정신을 김나지움에 불어넣었던 시대는 바로

독일 역사상 가장 위대한 시인들과 최고의 교양인들이 활동
하던 시대였어. 볼프의 대담한 시도는 김나지움의 이미지를,
학문적 연구를 촉진시키는 일종의 탁아소 같은 곳에서 벗어
나 보다 높고 고귀한 교육에 봉헌된 신성한 곳으로 쇄신시킬
수 있었어.

"다양한 외적인 조치들도 필요해 보였으며, 일부 결정적인
조치들은 현대적 형태의 김나지움에 성공적으로 적용되어
지속적으로 효과를 발휘하고 있어. 그러나 정작 가장 중요
한 것이 일어나지 않았어. 선생들이 이런 새로운 정신에 맞
게 스스로 정진하도록 하는 데 실패한 거야. 그 결과, 김나지
움의 목표는 지금 볼프가 강력히 옹호했던 인문 교육으로부
터 멀리 벗어나고 말았어. 지식과 학문적 교육이 다시 절대
적 가치를 얻게 되었어. 볼프가 극복하고자 발 벗고 나섰던
것이 다시 김나지움 교육에서 절대적 가치를 얻게 된 거야.
지식과 학문적 교육이 볼프가 불어넣었던 교육 원칙과 오랜
기간 지루하게 전쟁을 벌인 끝에 볼프의 원칙을 몰아내는 데

성공했어. 이제는 지식만이 김나지움에서 유일하게 권위를 행사할 수 있게 되었어. 물론 예전만큼 노골적으로 권위를 요구하고 나서지는 않고 있지만 말이네. 숨기려 할지라도, 지식 교육만 중요하게 여겨지고 있다는 것이 너무나 분명해. 게다가, 김나지움이 최종적으로 고전 교육을 우선시하지 못하도록 만든 것은 이 같은 교육적 노력이 지닌, 비(非)독일적이고 거의 외국적이거나 세계주의적인 성격이었어. 우리의 발 밑에서 고국의 흙을 걷어내도 견고하게 서 있을 것이라는 믿음과 독일 정신, 즉 민족정신 자체를 부정함으로써 머나먼 고대 그리스의 세계로 직접 도약할 수 있을 것이라는 비상식적인 생각이 그 노력의 바탕에 깔려 있었으니 말이네.

"물론, 이 독일 정신이 숨어 있는 곳에서 이 정신을 발견해내는 방법을 알아야 해. 이 정신은 지금 유행하고 있는 껍데기 안에 숨어 있거나 쓰레기 더미에 묻혀 있을 수 있어. 독일 사람은 독일 정신이 흔적으로만 남아 있다 하더라도 그 같은 사실을 부끄러워할 것이 아니라 그 흔적마저도 뜨겁게 사랑할 줄 알아야 해. 무엇보다, 독일 정신과 오늘날 '현대 독일 문화'라는 거만한 이름으로 불리며 난무하고 있는 것과 혼동하지 말아야 해. 독일 정신이란 것이 있다면, 그 정신은 틀림없이 그런 '문화'에 반대할 거야. 독일 정신은 틀림없이 '오늘날' 문화가 부재하고 있다는 불평의 소리가 들리는 바로 그 영역들 안에서 거친 외모에 뚜렷한 인상을 주지 못하는 모습으로 남아 있을 거야. 한편, 오늘날 '독일 문화'로 통하는 것들은 세계주의의 한 요소이며, 이런 것들과 독일 정신의 관계는 어느 저널리스트와 실러의 관계, 그리고 오페라 작곡가 자코모 마이어베어(Giacomo Meyerbeer)와 베토벤(Ludwig van Beethoven)의 관계와 비슷해. 이 '문화'는 프랑스 문화의 영향을 가장 많이 받고 있어. 프랑스 문화는 성격상 기본적으로 비독일적인데도, 독일인들은 아주 의문스런 취향까지 별도로 가공하지도 않고 원숭이처럼 모방하고 있어. 그런 모방은 독일 사회와 미디어, 문체론에 허위와 위선의 분위기를 조성하고 있어. 두말할 필요도 없지만, 복사를 해서는 오리지널, 즉 고대 로마의 핵심에서 성장한 어떤 문명이 지금까지 지속적으로 성취하고 있는 그런 예술적 완벽에는 절대로 닿지 못해. 복사와 오리지널의 대조가 어떤지 직접 느껴보고 싶으면, 독일의 가장 탁월한 소설가들과 프랑스나 이탈리아 소설가들을 한 번 비교해 봐. 별로 유명하지 않은 소설가들에 대해서는 언급할 필요조차 없어. 프랑스와 이탈리아 소설가들도 의문스런 경향과 목표, 모호한 수단을 공유하고 있어. 그러나 그들의 작품에선 예술적 진지함과 언어의 정확성, 언어의 아름다움, 그리고 사회적 및 문화적 조건과의 조화가 보여. 반면에 독일 작가들의 경우에는 모든 것이 독창적이지 않고, 무기력하고, 아무렇게나 쓰고, 생각과 표현이 지극히 평범해. 진정한 사회적 배경을 결여하고 있다는 점에 대해선 새삼 말할 필요도 없어. 박식과 학계의 매너리즘이 팽배한 독일의 현실을 보면, 저널리스트가 되는 사람이 독일의 경우에는 실패한 학자인 반면에 프랑스와 이탈리아의 경우에는 예술적 안목을 가진 교양인이라는 인상을 받게 돼. 독일인은 기본적으로 파생적인 문화인 현재의 독일 문화로는 절대로 성공을 기대하지 못해. 반면에 프랑스 인과 이탈리아인은 독일인을 부끄럽게 만들 것이며, 외국 문화를 현명하게 모방하는 문제라면, 러시아인도 독일인을 부끄럽게 만들 것이네.

"그런 만큼 나는 독일 정신에 더욱 강하게 집착하고 있어. 독일의 종교개혁과 독일 음악을 통해 드러났고 또 독일 철학의 엄청난 용기와 엄격성에서, 그리고 최근엔 독일 군인의 충성에서 그 순수한 힘과 끈기를 보여준 그런 독일 정신을 말이네. 유행만 추구하는 '오늘날'의 사이비 문화를 압도할 것도 바로 이 독일 정신에서 나올 거야. 나는 미래에 학교들은 진정한 문화를 전투의 장으로, 특히 김나지움으로 끌어들여서 젊은 세대들이 진정으로 독일적인 것에 뜨거운 열정을 느끼도록 만들 것이라고 기대하고 있어. 그러면 학교들은 최종적으로 소위 고전 교육을 원래의 자연스런 자리로 다시 올려놓을 것이고, 따라서 고전 교육이 유일하게 가능한 출발점을 제시하게 될 거야. 김나지움의 진정한 정화와 부활은 독일 정신의 깊고 강력한 정화와 부활을 통해서만 가능해.

"독일인의 핵심적인 본질과 그리스인의 재능 사이의 연결은 하나의 신비스런 끈이며 그래서 포착하기가 지극히 어려워. 그러나 야만의 격랑 속에서 몸을 의지할 단단한 것을 잡듯이, 우리에게 절실히 필요한 진정한 독일 정신이 그리스의 재능이라는 구원의 손길을 잡으려 나설 때까지, 또 이 독일 정신에서 그리스 문화에 대한 갈망이 터져 나올 때까지, 그리고 실러와 괴테가 자신의 정신을 새로 가다듬을 때 기댔던 그리스인들의 고향이 우리들 중에서 가장 탁월하고 재능 있는 사람들의 순례지가 될 때까지, 김나지움의 고전 교육의 목표는 어떤 것과도 연결되지 않은 채 허공을 떠돌게 될 거야. 그러나 김나지움에서 지식을 전달하려고 노력하고 있는 사람들은 적어도 진정하고 어떤 의미에서 보면 이상적인 목표를 제시하고 있으며 또 학생들을 오늘날 '문화'와 '교육'으로 알려진 화려한 유령의 유혹으로부터 구하기 위해 노력하고 있어. 그렇기 때문에 그런 사람들에겐 자신을 탓할 이유가 전혀 없어. 이것이 김나지움이 오늘날 처한 슬픈 처지야. 대단히 좁고 제한적인 관점들이 어떤 의미에서 옳은 것으로 여겨지고 있어. 이런 관점들이 틀렸다는 것을 내려다볼 수 있는 곳까지 아무도 닿을 수 없을 뿐만 아니라 그곳이 어디인지조차 모르기 때문이야. 바로 거기서 보면, 틀림없이 현재의 관점들이 틀려 보일 수 있는데도 말이네."

"아무도 닿지 못한단 말씀입니까?" 철학자의 젊은 동료가 물었다. 그의 목소리엔 약간의 떨림이 느껴졌다. 그리고 두 사람은 말없이 침묵을 지켰다.

지난번 강연의 마지막 부분에서, 내가 엿들었던 두 사람의 대화는 깊은 고민의 긴 침묵에 의해 끊어졌다. 지금도 나의 기억에 생생하게 남아 있는 그 대화를 강연에 들어가기 전에 간단히 요약하고 싶다.

철학자와 그의 젊은 동료는 우울한 침묵에 잠기며 자신들이 논의하던 주제, 즉 독일의 가장 중요한 교육기관인 김나지움의 위기가 자신들의 영혼을 무겁게 짓누르는 느낌을 받았다. 그 무게는 아무리 훌륭한 의도를 가진 사람일지라도 어느 한 개인의 힘으로는 절대로 들어 올릴 수 없는 것이었다. 그런데 대중은 그 무게를 들어 올릴 생각조차 품지 않고 있었다.

특별히 두 가지 사항이 고독한 사상가들을 슬프게 만들었다. 첫째, 진정으로 '고전 교육'이라 불릴 만한 것은 기존의 교육제도 안에서는 어떠한 토양에도 뿌리를 내릴 기회를 잡지 못하고 떠돌고 있는 문화적 이상(理想)인데 반해, 습관적으로 '고전 교육'이라 불리고 있는 것은 야심에 찬 착각에 지나지 않는데도 거기에 대해 항의하는 목소리가 전혀 들리지 않고 있다는 사실이다. 이 착각은 기껏 '고전 교육'이라는 구호를 이어나가면서 그런 교육이 이뤄지고 있다는 인상을 풍기고 있을 뿐이다. 우리의 외로운 철학자들을 슬프게 만든 또 다른 사항은 독일어 교육과 관계있다. 정직한 두 사람이 볼 때, 고대라는 기둥들 위에 보다 고차원적인 교육을 확립하려면 어떤 식으로 시작해야 하는지에 대해 오늘날의 김나지움은 전혀 아는 바가 없는 것처럼 보인다. 독일어 교육의 퇴보, 실용적인 훈련과 훌륭한 언어 습관을 가르치지 않고 언어가 역사적으로 변화해 온 경로만을 주입시키는 행태, 일부 김나지움의 임무와 저널리즘의 불쾌한 정신의 연결 등 너무나 분명하게 드러나는 신호들이 두 사람을 낙담시키고 있다. 이 같은 신호들 앞에서, 두 사람은 슬프게도 고대의 고전에서 흘러나오는 유익한 힘들의 흔적을 전혀 찾지 못하고 있다. 이런 고전의 힘이 학생들로 하여금 오늘날의 야만에 맞설 싸움을 준비하도록 하고, 김나지움을 그 전투에 필요한 병기고로 바꿔놓을 수 있을 텐데도 말이다. 그런데 뻔뻔한 아첨꾼들에게 '현대 독일 문화'로 통하는 것은 활짝 열린 김나지움의 문을 마음대로 드나드는 상황에, 고대의 정신은 이와 정반대로 김나지움에서 전적으로 배척당하고 있다.

만약에 고독한 우리의 철학자들이 어떤 희망이라도 느꼈다면, 그것은 상황이 머지않아 더욱 심각해질 것이라는 점이었다. 그렇게 되면 지금까지 극소수의 사람들만 의심했던 것들이 많은 사람들에게 급박하게 느껴질 것이고, 따라서 정직하고 결의에 찬 사람들이 보통교육의 중요한 영역에 대해 진지하게 고민할 때가 곧 올 것이기 때문이다.

"그런 만큼 나는 독일 정신에 더욱 강하게 집착하고 있어. 독일의 종교개혁과 독일 음악을 통해 드러났고 또 독일 철학의 엄청난 용기와 엄격성에서, 그리고 최근엔 독일 군인의 충성에서 그 순수한 힘과 끈기를 보여주었던 독일 정신을 말이네. 유행만 추구하는 '오늘날'의 사이비 문화를 압도할 것도 바로 이 독일 정신에서 나올 거야. 나는 미래에 학교들은 진정한 문화를 전투의 장으로, 특히 김나지움으로 끌어들여서 젊은 세대들이 진정으로 독일적인 것에 뜨거운 열정을 느끼도록 만들 것이라고 기대하고 있어. 그러면 학교들은 최종적으로 소위 고전 교육을 원래의 자연스런 자리로 다시 올려놓을 것이고, 따라서 고전 교육이 유일하게 가능한 출발점을 제시할 거야. 김나지움의 진정한 정화와 부활은 독일 정신의 깊고 강력한 정화와 부활을 통해서만 가능해.

"독일인의 핵심적인 본질과 그리스인의 재능 사이의 연결은 하나의 신비스런 끈이며 그래서 포착하기가 지극히 어려워. 그러나 야만의 격랑 속에서 몸을 의지할 단단한 것을 잡듯이, 우리에게 절실히 필요한 진정한 독일 정신이 그리스의 재능이라는 구원의 손길을 잡으려 나설 때까지, 또 이 독일 정신에서 그리스 문화에 대한 갈망이 터져 나올 때까지, 그리고 실러와 괴테가 자신의 정신을 새로 가다듬을 때 기댔던 그리스인들의 고향이 우리들 중에서 가장 탁월하고 재능있는 사람들의 순례지가 될 때까지, 김나지움의 고전 교육의 목표는 어떤 것과도 연결되지 않은 채 허공을 떠돌게 될 거야. 그러나 김나지움에서 지식을 전달하려고 노력하고 있는 사람들은 적어도 진정하고 어떤 의미에서 보면 이상적인 목표를 제시하고 있으며 또 학생들을 오늘날 '문화'와 '교육'으로 알려진 화려한 유령의 유혹으로부터 구하기 위해 노력하고 있어. 그렇기 때문에 그런 사람들에겐 자신을 탓할 이유가 전혀 없어."

두 사람이 한 동안 말없이 깊이 생각에 잠겨 있은 뒤, 젊은이가 늙은 철학자 쪽으로 몸을 돌리며 말했다. "선생님께서 저를 위로하기 위해 하신 말씀은 저에게 대단한 통찰을 안겨 줌과 동시에 힘과 용기까지 주셨습니다. 진정으로 말씀 드리 지만, 저는 이제 전쟁터를 더욱 대담한 눈으로 바라보게 되 었으며, 아울러 제가 너무 성급하게 물러났다는 점을 자책하 고 있습니다. 우리는 우리 자신만을 위해서 싸우고 있는 것 이 아닙니다. 우리는 이 투쟁에서 얼마나 많은 사람들이 쓰 러질 것인지에 대해 걱정할 수 없고 또 걱정을 해서도 안 됩 니다. 또는 우리 자신이 가장 먼저 사라질 사람들일지도 모 른다는 점에 대해서도 걱정해서는 안 됩니다. 우리는 이 투 쟁에 모든 것을 걸겠다고 다짐했기 때문에 연약한 개인에 대 해서는 더 이상 걱정할 필요가 없습니다. 어느 한 사람이 땅 바닥에 쓰러지는 순간, 다른 사람이 따르기로 맹세하고 깃발 을 집어들 것입니다. 저 자신이 이 투쟁에 필요한 힘을 갖추 었는지, 또 저 자신이 이 투쟁을 견뎌낼 것인지 여부는 더 이 상 관심사가 아닙니다. 적의 조롱 섞인 웃음이 들리는 가운 데 스러지는 것은 영예로운 죽음일 것입니다. 어쨌든 적들의 진지함이 우리에게 너무나 자주 우스꽝스럽게 보였지요. 저와 저 세대의 다른 사람들이 똑같은 경력을 위해, 다시 말해 선생이 갖출 수 있는 최선의 태도를 취하기 위해 준비한 방법에 대해 생각해 보면, 저도 우리와 반대되는 것들을 자주 비웃었으며 우리와 많이 다른 것들에 대해 매우 위험하게 보았다는 사실을 깨닫게 됩니다.”

　그때 철학자가 “나의 친구여!”라는 말과 함께 웃음을 지으며 젊은이의 말을 가로막았다. “자네는 지금 마치 수영을 할 줄 모르면서도, 물에 빠져 죽을 것을 두려워하는 것이 아니라 물에 빠져 죽지 않아 비웃음을 사게 될까 두려워하며 물 속으로 뛰어들려고 하는 사람처럼 말하고 있군. 하지만 우리가 두려워해서는 안 되는 것이 바로 비웃음을 사는 것이라네. 우리가 논하고 있는 이 주제에는 진리가 너무 많은 게 문제야. 무섭고, 당혹스럽고, 용서할 수 없는 진리들이 난무하고 있단 말이야. 그렇기 때문에 우리를 정말로 증오하는 사람이 없을 수가 없으며, 이따금 당혹스런 비웃음이 터져 나오게 마련이야. 기존의 교육제도에 운명을 건 수많은 선생들을 생각해 봐. 선생들은 당연히 아무 생각 없이 지금의 교육제도를 계속 유지하길 원하겠지? 선생들이 자신들을 배제시킬 어떤 계획이나 자신들의 평범한 능력을 훨씬 뛰어넘는 어떤 요구에 관한 이야기를 듣게 될 때 과연 어떤 반응을 보일 것인지 한 번 생각해 보게나. 아니면 선생들이 자신의 가슴에 전혀 아무런 반향을 불러일으키지 않는 희망에 대해 듣거나 구호조차도 제대로 이해하지 못하는 어떤 전투에 대해 듣거나 할 때 과연 어떤 반응을 보일 것 같은가? 자신이 할 수 있는 역할이라곤 지루하고 무기력하게 저항하는 집단의 역할밖에 없는 상황에 처하게 된다면, 선생들이 어떤 식으로 반응할 것 같은가?

"고등 교육기관에 종사하는 선생들의 절대다수가 이런 처지에 있다고 말해도 절대로 과장이 아닐 거야. 이런 선생들이 어떻게 생겨나게 되었는지, 그들이 어떻게 고등 교육기관의 선생이 될 수 있었는지를 고려해 본 사람들에겐, 이 말이 전혀 놀라움으로 다가오지 않을 걸세. 고등 교육기관의 숫자는 어딜 가나 늘어나고 있어. 증가 속도가 너무나 빠르기 때문에, 더욱더 많은 선생들이 필요하게 되었어. 재능이 아주 탁월한 인구가 자연적인 수단을 통해 배출할 수 있는 선생의 숫자보다도 훨씬 더 많이 필요하게 된 거야. 그 결과, 아주 많은 사람들이 진정한 소명을 갖지 않은 상태에서 선생이 되었으며, 그런 다음에는 그런 선생들이 압도적인 숫자와 유유상종(類類相從)의 본능을 무기로 교육기관의 정신을 규정하게 된다네. 숫자를 줄이지 않고도 법이나 정책을 통해서 현재 지나치게 많은 김나지움과 선생의 숫자를 질(質)의 과잉으로 바꿔놓을 수 있다고 믿는 사람들은 교육학에 대한 이해가 조금도 없는 사람들이야. 숫자를 줄이지 않고 질을 높이는 것은 절대로 불가능해. 천성적으로 교직의 길을 가도록 진정으로 운명 지어진 사람은 극소수라는 점을 우리는 한목소리로 선언해야 하네. 그리고 우리가 오늘날 갖고 있는 것보다 훨씬 더 적은 수의 고등 교육기관으로도 고등 교육을 충분히 발달시킬 수 있다는 점을 선언해야 하네. 모든 대중에게 혜택을 골고루 부여하는 교육제도 안에서는, 원래 고등 교육기관에서 공부할 자격을 갖춘 사람이 엉뚱하게도 지원을 가장 적게 받게 된다네.

"선생들과 관련해서도 똑같이 말할 수 있어. 선생들 중에서 가장 우수한 선생, 그러니까 보다 높은 기준으로 판단해서 선생이라는 명예로운 타이틀을 차지할 만큼 가치 있는 사람들은 엄선된 학생이 아니라 아무 학생이나 무더기로 받는 오늘날의 김나지움에서 학생을 가르치는 데 가장 적절하지 않은 사람으로 여겨질 거야. 사실, 우수한 선생들은 자신이 내놓을 수 있는 최고의 것을 어느 정도 학생들로부터 숨겨 놓지 않을 수 없어. 학생들이 이해를 못하니까 말이네. 한편, 절대다수의 선생들은 그런 김나지움에서 마음 편안함을 느끼고 있어. 왜냐하면 그런 선생들의 제한적인 재능이 학생들의 낮은 수준과 맞아떨어질 뿐만 아니라 어떤 의미로 보면 멋지게 조화를 이루기 때문이지. 김나지움과 고등 교육기관을 더 많이 만들어야 한다고 목청을 높이는 사람들이 바로 이런 선생들이야. 그런데 선생들 중 절대다수가 이런 사람들 이잖아.

"정말로, 우리는 지금 교육에 대한 요구가 끊임없이 제기 됨에 따라 마치 엄청난 문화적 욕구가 채워지기를 간절히 갈 망하고 있는 것처럼 보이는 그런 시대에 살고 있어. 그러나 우리가 새겨들어야 할 것은 바로 이 대목이야. 여기서 교육 의 요란한 슬로건 때문에 길을 잃는 일이 일어나서는 안 돼. 길을 잃지 않기 위해선 이 시대의 문화적 요구에 대해 지칠 줄 모르고 떠벌리는 사람들을 똑바로 보기만 하면 돼. 사랑 하는 나의 친구여, 그렇게 하면 그런 사람들에게서 이상한 실망감이 느껴질 것이네. 우리는 종종 그런 실망감을 느껴 왔어. 문화의 필요성을 외치는 이 선각자들을 위에서 내려다 보면, 그들이 돌연 진정한 문화, 말하자면 정신의 귀족주의 적인 본질에 충실한 그런 문화의 광적인 적(敵)으로 변할 거 야. 그들의 근본적인 목적은 대중을 위대한 개인들의 지배로부터 해방시키는 거야. 그들이 추구하는 것은 지성의 제국 안에서 가장 신성한 질서를 뒤엎어버리는 것이라네. 그 질서란 바로 대중이 천재들의 권력에 예속되고, 복종하고, 본능적으로 충성하는 그런 질서야.

"나에겐 오래 전부터 소위 '대중 교육'을 열렬히 응원하는 사람들을 유심히 지켜보는 버릇이 생겼어. 대개 보면 그들이 의식적으로나 무의식적으로 원하는 것은 야만이라는 보편적인 축제에서 무제한적 자유를 누리는 거야. 그러나 신성하고 자연스런 질서는 그들에게 그런 자유를 절대로 허용하지 않아. 그 사람들은 천재를 섬기고 복종할 운명을 타고났어. 그들이 자신들의 나무 다리나 부러진 날개로 어딘가에 닿으려고 노력할 때마다, 그곳은 그들에게 자연이 그들을 어떤 흙으로 빚었는지를 새삼 확인시켜줄 뿐이야. 자연이 그들에게 찍어놓은 표시만 선명하게 드러나게 될 뿐이라는 뜻이야. 대중을 위한 교육은 우리의 목표가 될 수 없어. 위대하고 영구한 걸작을 내놓을 자질을 갖춘 선택된 개인을 양성하는 것이 교육 목표가 되어야 한다네. 공정한 후손이 어떤 국민의 전반적인 문화적 조건에 대해 평가할 때 그 기준으로 당대의 위대한 영웅들을 근거로 삼는다는 사실을 우리는 잘 알고 있어. 공정한 후손은 이 영웅들이 어떤 식으로 발굴되고, 격려를 받고, 존경을 받았는지, 아니면 이 영웅들이 내팽개쳐지고, 잘못 다뤄지고, 파괴되었는지를 근거로 평가를 내릴 것이네. '대중 교육'이라 불리는 것은 성취하기가 지극히 어려워. 보편적인 의무 교육이 실시된다 하더라도, 대중이 교육을 받는 것은 오직 외적인 수준에서 그쳐. 대중이 문화를 진정으로 접촉하게 되는 보다 깊은 영역들, 이를테면 어떤 한 민족이 종교적 본능을 간직하고 있는 곳이나 민족의 신화적 이미지를 지속적으로 창조하고 있는 곳이나 민족의 관습과 법, 고국, 언어에 대한 믿음을 계속 간직하고 있는 곳은 직접적인 경로로는 거의 닿지 못하며 언제나 폭력적인 파괴를 통해서만 닿을 수 있어. 이런 종류의 진지한 문제들에서 대중에 대한 교육을 급히 서둘러 끝내려는 것은 그런 폭력적 파괴를 지연시키고 국민의 건강한 무의식과 편안한 수면을 지키겠다는 뜻이야. 이 무의식이나 건전한 수면이 보호되지 않으면, 그 자체로 흥분과 극단적인 긴장을 초래하기 마련인 문화는 조금도 앞으로 나아가지 못할 테니까.

"하지만 국민의 건강한 수면을 방해하길 원하는 사람들이 진정으로 원하는 것이 무엇인지, 나는 잘 알고 있어. 그들은 국민에게 끊임없이 외치고 있어. '일어나시오! 의식을 놓지 마시오! 그리고 현명하게 대처하시오!'라고. 그 사람들이 학교의 급증과 그 결과 형성된 거만한 선생 계급이 교육에 대한 강렬한 욕구를 충족시키고 있는 것처럼 꾸밀 때조차도, 그들의 진정한 목표가 무엇인지 나는 알고 있어. 그들은 지성이라는 왕국의 자연스런 계급제도에 맞서 투쟁을 벌이고 있으며, 그들이 싸움을 벌이는 방식은 언제나 그런 식이야. 그들은 가장 높고 고귀한 문화의 힘들의 뿌리를 파괴하길 바라고 있어. 그런데 어머니 같은 운명을 타고난 이 문화의 힘들은 대중의 무의식에서 폭발해 나오면서 천재를 낳고 기르고 양성해.

"이 어머니의 비유를 통해서만, 우리는 진정한 대중 교육의 중요성과 대중 교육이 천재에게 져야 할 의무를 파악할 수 있어. 천재의 진정한 기원은 그런 교육에서 발견되지 않아. 천재는 말하자면 형이상학적 원천만을 갖고 있어. 천재에겐 형이상학적 고향만 있다는 뜻이야. 하지만 천재가 등장하기 위해선, 천재가 어느 민족에서 나타나기 위해선, 말하자면 천재가 자기 민족 특유의 눈부신 광휘와 힘을 정확히 그려내고 자신과 자신의 영원한 작품의 상징적 본질을 통해서 민족의 고귀한 목표를 드러내고 또 그렇게 함으로써 자기 민족을 영원과 연결시키고 자기 민족을 항상 변하는 순간의 영역으로부터 해방시키기 위해선, 먼저 천재가 민족 문화라는 자궁 안에서 자란 다음에 문화의 무릎에 안겨 양성되어야 하는 법이네. 이런 식으로 외부의 열악한 환경으로부터 보호해주고 품어주는 민족의 품이 없으면, 천재가 영원한 비상을 위해 날개를 펴는 일은 결코 일어나지 못할 거야. 그렇게 되면 불행하게도 천재는 추운 겨울날 눈 덮인 황량한 사막으로 쫓겨난 나그네처럼 금방 사라지고 말 거야."

"선생님!" 철학자의 젊은 동료가 말했다. "선생님께서 말씀하신 천재의 형이상학이 저를 놀라게 만들었어요. 하지만 저는 이런 비유에서도 진리를 어렴풋이만 알 수 있을 뿐입니다. 그러나 선생님께서 그 전에 하신 말씀은 완벽하게 이해했습니다. 지나치게 많은 김나지움의 숫자와 그에 따른 선생들의 과잉에 관한 말씀 말입니다. 저는 직접 경험을 통해서 기본적으로 교육이나 문화와 아무런 관계가 없으면서도 어쩌다 교사의 길로 들어서게 된 사람들의 숫자가 압도적으로 많은 이유가 단순히 선생에 대한 수요 때문이라는 것을 확신하게 되었습니다. 또 그런 선생들이 오늘날 김나지움의 방향을 결정하고 있다고 믿고 있습니다. 어떤 사람이 고대 그리스 시대가 너무나 독특하고 또 감히 범접할 수 없을 만큼 고상하다는 통찰을 얻는 그런 황홀한 순간을 경험한 다음에 그 신념을 지키기 위해 내면의 전투를 치열하게 치렀다면, 아마 그 사람은 이 같은 통찰이 많은 사람들에겐 접근 불가능한 상태로 남을 것이라는 사실을 잘 알게 될 겁니다. 그런 사람은 직업적인 이유로도 그리스어를 사용하는 것이 도리에 어긋나고 심지어 당당하지 못한 짓이라는 느낌을 받을 것입니다. 밥벌이를 위해 노동자의 손과 일상의 도구로 성역을 마구 건드리는 것 같은 죄책감마저 느끼게 되지요. 그런데도 김나지움 선생들의 과반을 차지하는 집단, 즉 문헌학자들 사이에 뻔뻔스럽고 통속적인 감수성이 보편적으로 나타나고 있습니다. 그러기에 김나지움이 이 같은 태도를 지키며 퍼뜨린다는 사실은 전혀 놀랄 만한 일이 아니지요.

"젊은 세대의 문헌학자들을 한번 보세요. 그들 중에 수치심을 아는 사람들은 무척 드물어요. 지금처럼 생각하는 현대인에겐 그리스인들이 살았던 세계의 빛 속에 살 자격이 절대로 있을 수 없다는 생각은 그들에겐 좀처럼 들지 않아요. 더없이 장엄한 신전들 사이에 비참한 둥지를 짓고 있는 젊은 세대야말로 얼마나 뻔뻔하고 냉담한지 모릅니다. 독선적이고 수치심을 모르는 그들은 대학에 들어가는 그날부터 줄곧 경외심을 불러일으켜야 할 고귀한 문명의 유물 속을 마음대로 떠돌아 다니고 있지요. 유물 곳곳에서 그들을 향해 큰 목소리가 터져 나왔을 것입니다. '여기서 꺼져! 이 신출내기야. 너는 절대로 독창적으로 활동하지 않을 거잖아!' 그런데 어쩌지요, 이런 경고의 목소리가 오히려 터무니없는 소리로 들리니 말입니다. 그리스 식의 그런 저주와 증오를 제대로 이해하려면, 내면에 그리스적인 것이 다소 필요한데, 제가 지금 거론하고 있는 사람들은 너무나 야만스럽기 때문에 유물을 자기들 편한 대로 다루고 있어요. 현대적인 온갖 것들을 갖고 와서 유적의 기둥과 무덤 뒤에 숨겨놓아요. 그러다가 시간이 조금 흐른 뒤에 그가 고대의 환경 속에 숨겨놓은 것을 누군가가 찾아내기라도 하면 대단히 즐거워하지요.

"그들 중 한 사람은 시를 쓰고, 헤시키우스(Hesychius)의 어휘 목록을 들여다볼 만큼은 똑똑합니다. 그 사람은 동시에 자신의 소명은 아이스킬로스(Aeschylus)를 현대화하는 것이라고 굳게 믿지요. 그러다 보면 그는 정말로 자신이 아이스킬로스와 공통점이 있다고 생각하게 되지요. 당연히 그와 아이스킬로스가 서로 잘 어울린다고 맞장구를 치는 아둔한 사람도 나오게 마련입니다. 삼류시인에 지나지 않는 그를 두고 말이지요. 또 다른 한 사람은 의심 많은 경찰관의 눈으로 온갖 모순을, 모순의 흔적을 조금이라도 보이는 것을 모조리 찾아내고 있습니다. 당연히 호메로스도 그의 눈에 걸려들게 마련이지요. 그는 독창적이고 장엄한 호메로스의 옷을 갈가리 찢어 넝마로 만들어 놓고는 그것을 다시 주워 깁느라 자신의 삶을 다 허비하고 있습니다. 세 번째 사람은 은밀했던 고대의 주신제(酒神祭)와 비의(秘儀)에 불편한 마음을 느끼고 있어요. 그래서 그는 최종적으로 오직 계몽된 아폴론만이 중요하다고 결론을 내리고 아테네인들에게서 다소 비도덕적일지라도 유쾌하고 상식적인 아폴론 숭배자만을 보기로 합니다. 그는 고대의 또 다른 어두운 구석을 자신의 계몽 수준에 맞게 복원시킬 때, 예를 들어, 늙은 피타고라스의 내면에서 그의 계몽 정치학의 여정에 동참할 동료 여행객을 발견할 때, 안도의 한숨을 깊이 내쉽니다. 네 번째 사람은 왜 오이디푸스는 그처럼 증오스런 운명을 타고났는가 하는 문제로 자신을 고문하고 있습니다. 오이디푸스는 왜 자기 아버지를 죽여야 했으며 또 하필 자기 어머니와 결혼해야 했는가? 오이디푸스는 무슨 죄를 지었는가? 시적 정의(poetic justice: 종국적으로 미덕이 보상을 받고 악이 처벌을 받는 그런 문학적 장치를 일컫는다. 한마디로 권선징악이다/옮긴이)는 어디 있는가? 그러다 그는 갑자기 진리를 깨닫지요. 오이디푸스는 실제로 기독교의 자비가 결여된 열정의 산물이라는 것을 말입니다. 오이디푸스가 언젠가 돌연 터무니없을 만큼 격노하지요. 예언가 티레시아스가 그를 두고 괴물임과 동시에 그의 나라의 저주가 될 것이라고 했을 때이지요. 온순하고 점잖게 처신해! 아마 소포클레스의 교훈은 이것이었을 테지요. 온순하고 점잖게 굴지 않으면, 너의 어머니와 결혼하게 되고 너의 아버지를 죽이게 될 거야! 또 다른 사람은 그리스와 로마 시인들이 남긴 작품의 행을 헤아리며 그 비율이 7:13이거나 14:26이라는 사실에 기뻐하며 평생을 보내고 있습니다. 마지막으로, 어떤 사람은 전치사들을 바탕으로 호메로스 문제(고대 그리스의 서사시 '일리아스'와 '오디세이아'의 저자로 알려진 호메로스의 정체가 무엇인지, 또 두 서사시의 내용이 역사적 사실을 그렸는지 여부에 관한 문제를 말한다/옮긴이)를 풀었다고 선언하고 또 그리스어 전치사 'ana'와 'kata'를 갖고 샘의 바닥에서 진리를 끌어낼 수 있다고 생각합니다. 이들 모두는 어떤 일을 하든 불문하고 그리스라는 토양을 지나치게 요란하게, 또 터무니없을 만큼 서투르게 들쑤시고 있지요. 이런 사람들을 보면서, 고대를 진정으로 사랑하는 사람들은 마음에 상처를 입지 않을 수 없습니다.

"만약에 이런 일이 제 앞에서 벌어진다면, 저는 재능이 있고 없고를 떠나 고대 세계에 대해 조금이라도 전문가 냄새를 풍기는 사람이 있으면 그 사람의 손을 잡고 이렇게 충고할 것입니다. '젊은이여, 그대는 책을 통해 얻은 얄팍한 지식을 갖고 머나먼 여정에 나선 그대를 위협하고 있는 위험들이 있다는 사실을 알고 있는가? 쓰러지는 조각상에 깔려 죽는 것은 비극적인 죽음이 아니라던 아리스토텔레스의 말을 들은 적이 있는가? 그대를 위협하고 있는 것이 바로 그런 죽음이야! 무섭지 않아? 문헌학자들이 고대 그리스라는 조각상을, 오래 전에 쓰러져 땅 속에 파묻힌 조각상을 한 번 더 일으켜 세우느라 수 세기를 보냈다는 사실을 알아야 해. 그렇게 오랜 세월을 보내며 연구했는데도 문헌학자들은 고대 그리스라는 조각상을 일으켜 세우는 데 성공하지 못했어. 그것이 워낙 거상(巨像)이기 때문에 개인은 난쟁이처럼 그 위로 겨우 기어오를 수 있을 뿐이라서 그래. 이 조각상을 다시 이용하기 위해 집단적인 노력을 엄청나게 쏟고 현대 문화의 모든 지렛대를 다 동원했는데도 아직 일으켜 세우지 못했어. 조금 들어 올렸다 싶으면 다시 넘어지면서 그 밑에 있던 사람들을 깔아뭉개버려. 그럴 수도 있겠지. 모든 생명은 다 이유가 있어 죽을 테니까. 하지만 조각상 자체가 깨어지는 일은 절대로 없을 것이라고 누가 장담할 수 있겠는가! 문헌학자들은 그리스인들에게 밟혀 뭉개지고 있어. 그래도 그건 우리가 견딜 수 있는 상실이야. 그런데 고대 자체가 문헌학자들에게 뭉개질 위험에 처해 있어! 무분별한 젊은이여, 이 점을 고려해서 자신이 성상파괴자가 아니라고 생각하고 꿈을 접어주길 바라네!'라고요."

철학자가 웃음을 터뜨렸다. "사실은 많은 문헌학자들이 오늘날 자네의 조언에 따라 정말로 뒤로 물러나고 있어. 내가 젊었을 때 한 경험과 많이 다른 현상이야. 오늘날 문헌학자들은 의식적으로나 무의식적으로 대개 자신이 고대의 고전을 직접 접촉하는 것은 가능하지도 않고 무의미하다는 결론을 내리고 있어. 심지어 문헌학자들은 그런 연구를 쓸모없고, 지엽적이고, 시대에 뒤처진 것으로 여기고 있어. 그렇기 때문에 문헌학자들은 아주 편안한 마음으로 언어학에 의지하고 있어. 언어학 분야라면 그 범위를 무한히 확장할 수 있고 또 아주 편협한 마음의 소유자까지도 상당한 일자리를 얻을 수 있는 분야이지 않은가. 이 분야에선 소박한 야망이 긍정적인 덕목으로 여겨지고 있어. 왜냐하면 새로운 방법의 불확실성과 엄청난 실수를 저지를 위험 등을 고려할 경우에 이 분야에서 가장 바람직한 작업은 지극히 일상적인 것이기 때문이야. 여기선, 폐허로 남아 있는 고대 세계로부터 풋내기를 꾸짖는 준엄한 목소리가 전혀 들리지 않아. 이 분야에 접근하는 사람들은 모두 크게 환영 받고 있어. 소포클레스와 아리스토파네스(Aristophanes)에게서 특별한 인상을 전혀 받지 않고 또 이 작가들을 머릿속에 그려도 아무런 생각이 떠오르지 않는 사람까지도 일종의 어원학의 물레 같은 것 앞에 앉거나 곳곳에 흩어져 있는 방언의 파편들을 수집하러 나설 수 있어. 그러면 그의 시간은 자료들을 서로 연결시키거나 분리시키고, 수집하거나 흩뜨리고, 이곳저곳 돌아다니고, 서재에서 책들을 참고하면서 보내게 돼.

"그런데 이런 연구원이 지금 학생들을 가르치게 되어 있어! 단지 언어학을 공부했다는 이유 하나만으로! 이런 연구원이 자신에게 통찰은커녕 아무런 인상도 남기지 않는 고대의 저자들에 대해 김나지움 학생들에게 무엇을 가르친단 말인가! 곤혹스런 상황이 아닐 수 없어. 고대는 그에게 아무런 이야기를 들려주지 않아. 당연히 그도 고대에 대해 할 말이 하나도 없지. 그런데 돌연 한 줄기 빛이 보여. 그래서 그의 기분이 한결 좋아졌어. 어쨌든 그도 언어학 학자이지 않은가? 그리고 고대 작가들은 그리스어와 라틴어로 글을 쓰지 않았는가? 이제 그는 홀가분한 마음으로 호메로스에서 시작해 어원학으로 들어가면서 리투아니아어와 교회의 슬라브어, 특히 산스크리트어에 도움을 청해. 마치 그리스어 과목이 언어학 입문을 위한 구실에 지나지 않는 것처럼, 또 호메로스가 원조(元朝) 인도 유럽어로 글을 쓰지 않은 것이 큰 결함이라도 되는 것처럼. 오늘날의 김나지움을 잘 아는 사람은 누구나 김나지움 선생들이 고전적인 성향으로부터 얼마나 멀리 벗어나 있는지를 잘 알고 있어. 또 바로 이 같은 실패 때문에 비교 언어학을 학문적으로 추구하는 것이 유리하다는 사실도 잘 알고 있어."

그러자 젊은이가 대답했다. "제가 볼 때 진짜 문제는 고전 문화를 가르치는 선생이 그리스인과 로마인들을 다른 민족들과 서로 연결시키지 않는 데 있는 것 같습니다. 고전 문화 선생에겐 그리스어나 라틴어는 절대로 수많은 언어들 중 하나가 될 수 없지요. 고전 문화 선생이 고대 그리스와 로마의 고전을 중요하게 여긴다는 점을 고려한다면, 언어들이 서로 어떤 관련이 있는지, 이 언어의 뼈대가 저 언어의 뼈대와 일치하는지 여부는 완전히 관심 밖이지요. 유사점 같은 것은 전혀 중요하지 않아요. 그 선생이 문화를 가르치면서 자신을 고귀한 고전적 원형에 맞추려 노력한다는 점에서 보면, 그는 당연히 공통적이지 않은 것에 관심을 두게 되지요. 그리스인과 로마인을 다른 모든 민족들보다 우위에 서게 만든 비야만적인 특징들에만 관심을 두기 마련이라는 뜻입니다."

"내가 잘못 볼 수도 있겠지만…." 철학자가 말을 받았다.

"나는 오늘날 김나지움에서 라틴어와 그리스어를 가르치는 방법을 보면 언어의 통달, 즉 자신을 말과 글로 쉽게 표현할 수 있는 능력이 실종되고 있는 게 아닌가 하는 의심이 들어. 우리 세대는 틀림없이 지금은 늙었고 수적으로도 적지만 라틴어와 그리스어를 읽고 쓰는 데 아주 뛰어났거든. 그런데 오늘날의 선생은 원문을 바탕으로 역사적 관점에서 학생들을 가르치는 경향이 너무 강해. 그러다 보니 학생들은 기껏 산스크리트어 지식이나 어원학적 지식을 바탕으로 고어의 의미를 놓고 다소 무리하게 짐작하는 성향을 보이게 돼. 우리 늙은이들처럼 플라톤(Plato)이나 타키투스(Tacitus)의 글을 재미있게 읽을 줄 아는 학생은 한 사람도 없어. 김나지움은 학문의 온실일 수 있지만, 의도하지 않은 뜻밖의 자연스런 결실을 낳을 그런 종류의 학문, 말하자면 진정으로 고귀한 목표를 추구하는 교육을 위한 온실은 아니야. 김나지움들은 건강하지 못한 신체의 비정상적인 비만과 비슷한 그런 학문을 낳고 있어. 오늘날 김나지움 묘목장이 생산하고 있는 것은 학문적 비만이야. 김나지움이 오늘날 '현대 독일 문화'라고 칭송받는 그런 우아한 야만의 수준까지는 아직 추락하지 않았다 하더라도, 그렇게 되는 것은 시간문제야."

철학자의 동료가 대답했다. "하지만 무수히 많은 가엾은 선생들은 다 어디로 가야 하죠? 진정한 문화에 기여할 재능을 전혀 물려받지 못한 선생들 말입니다. 이 선생들은 오직 필요에 의해서 선생으로 활동하고 있지 않습니까? 그들도 식탁에 빵을 올려야 하니 말이죠. 그리고 학교의 과잉이 당연히 교사의 과잉을 낳고 있잖아요? 고대가 도도하게 그들을 거부한다면, 그들은 어디로 달아나야 하지요? 언론이 지칠 줄 모르고 그들을 향해 매일 이런 식으로 외치고 있는 지금, 그들은 시대의 힘들에 희생되는 것이 아닐까요? '그대들이 곧 문화이고 교육이야! 그대들이 곧 정점이고 피라미드의 끝이야! 그대들이 세계 역사의 정점이야!' 이 선생들은 이런 유혹적인 약속을 끊임없이 듣고 있어요. 그러나 그들이 완전히 새롭고 최고로 발전한 형태의 문화라고 듣고 있는 것은 실제로 보면 반(反)문화의 가장 창피한 징후들로 이뤄져 있어요. 잡지와 신문의 비속한 '문화면'이 대표적인 예이지요. 만약에 이런 선생들의 마음에 이 약속들이 거짓말일 수도 있다는 의심이 조금이라도 든다면, 이 가련한 선생들은 다 어디로 가야 하죠? 이처럼 지칠 줄 모르고 끝없이 문화를 외쳐 대는 소리를 듣지 않으려면, 어리석기 짝이 없고 현학적이고 비생산적이고 학구적인 학문 분야 외에 달리 어디가 있을까요? 이런 식으로 쫓기다 보면 그들이 마침내 타조처럼 머리를 모래에 처박게 되지 않을까요? 그들에겐 진정한 문화와 멀리 떨어진 곳에서 방언과 어원학, 추측 등에 묻혀서 개미 같은 지하 생활을 영위하는 것이 진정한 행복이 아닐까요? 적어도 우아한 '문화'가 뱉는 유혹의 말에 귀를 닫을 수는 있을 테니까요."

"자네 말이 맞네." 철학자가 말했다. "하지만 학교가 그처럼 많아야 하고, 따라서 선생도 많아야 한다는 원칙이 어디 성문법 조항처럼 적혀 있는가? 어쨌든, 학교가 더 많아야 한다는 주장은 진정한 교육에 역행하는 영역에서 나오고 있고 또 학교의 증가는 반(反)교육이라는 결과만을 낳는다는 사실을 우리는 잘 알고 있어. 사람들이 이 요구에 대해 당연하다고 생각하는 이유는 딱 하나뿐이야. 현대 국가가 교육 문제에 대한 견해를 공개적으로 밝히고 있고 또 교육적 요구를 요란하게 떠벌리는 습관이 있다는 사실이 그 이유야. 이 같은 현상은 자연히 대부분의 사람들에게 바위에 새겨진 영원한 진리처럼 강렬한 인상을 남기게 되어 있어. 덧붙여 말하자면, 이런 요구들을 제시하는 국가, 즉 오늘날 흔히 말하는 '문화 국가'는 최근에 발달한 거야. '문화 국가'는 지난 50년 사이에 '자명'해졌어. 다시 이 시대가 좋아하는 단어를 빌리자면, 그 시기는 많은 것들이 조금도 분명하지 않은 가운데서도 '자명'해진 시기였어.

"현대 국가들 중에서 가장 강력한 프로이센은 너무나 대담하고 공격적이며 동시에 문화와 교육의 중앙 집중 관리에 아주 고압적으로 나오고 있어. 그러기에 프로이센이 추구하고 있는 의문스런 원칙은 대체로 위험하며 진정한 독일 정신에 특별히 큰 위협이 되고 있어. 프러시아 당국자들의 표현을 빌리면, 김나지움을 시대에 맞게 향상시키기 위해 체계적인 조치가 취해지고 있어. 가능한 한 많은 학생들을 김나지움에 보내게 할 조치들을 촉진하고 있는 거야. 실제로 프로이센은 그런 목적을 이루기 위해 가장 강력한 유인책을 이용하고 있어. 군대 복무와 관련 있는 특혜를 허용하고 있지. 프로이센 정부 통계 전문가들의 증언에 따르면, 이 같은 조치가 대단한 성공을 거두고 있어. 어느 정도인가 하면, 이 조치 하나만으로 프로이센의 김나지움에 전반적으로 학생들이 넘쳐나게 되었고, 따라서 김나지움을 신축할 필요성이 계속 대두되고 있다네. 교육기관의 과잉을 초래하는 데에, 김나지움을 공직의 높은 자리 모두와 낮은 자리 대부분과 연결시키거나, 대학 입학과 연결시키거나, 가장 막강한 군대와 연결시키는 것보다 더 확실한 방법이 있을까? 더욱이, 관료 사회의 무한한 정치적 야심과 의무적인 군 복무에 대한 광범위한 지지가 재능을 가진 사람들을 자동적으로 그쪽 분야로 끌어들이게 되어 있는 나라에서 말이네. 김나지움은 명예의 사다리에 올라서는 첫걸음이자 가장 확실한 걸음으로 여겨지고 있어. 공직을 추구하는 사람이면 누구나 밟아야 하는 것이 김나지움이 되고 있어. 이건 새로운 현상이거나 적어도 특이한 현상이야. 국가 자체가 교육과 문화의 전도사로 나서고 있으니 말이네. 국가는 모든 공무원들이 보편적인 국가 교육이라는 횃불을 손에 들도록 강요함으로써 국가의 목표를 밀고 나가고 있어. 공무원은 벌겋게 타오르는 횃불을 들어올림으로써 국가를 최고의 목표로 받아들이고 또 국가를 자신이 교육을 열심히 추구한 데 대한 보상으로 여기게 되어 있어. 지금 공무원들은 국가를 교육적 추구에 대한 보상으로 여기는 관점을 놓고 진정으로 깊이 다시 생각해 봐야 할 때야. 이런 관점 앞에서 공무원들은, 예를 들어서 그 관점과 깊이 연결되어 있는 어떤 경향을 떠올릴 수 있어야 해. 그런데 이 경향을 제대로 이해하기까진 시간이 많이 걸려. 한때 국가를 위해서, 국가의 목표를 성취하기 위해서 촉진되었던 어떤 철학을 두고 하는 말이네. 바로 헤겔(Hegel)의 철학이지. 프로이센은 모든 교육적 영감을 국가의 목표에 종속시킴으로써 헤겔 철학의 일부 유산을 현실에서 활용하는 데 성공했다고 말해도 아마 과장이 아닐 거야. 바로 국가를 신성시한 부분이지. 그런데 국가의 신격화는 교육을 이런 식으로 종속시킬 때에만 그 정점에 이를 수 있다는 사실을 지적해야 해."

"하지만 국가가 그런 이상한 관행을 통해 바라는 것이 무엇입니까?" 철학자의 젊은 동료가 물었다. "다른 나라들이 프로이센의 학교들을 신기해하면서 프로이센의 교육제도를 깊이 연구하고 가끔 그대로 베끼려고 노력하는 것을 보면, 그 관행이 어떤 목표를 갖고 있는 게 틀림없어요. 분명히, 다른 국가들은 프로이센의 학교들을 국가의 수명과 국력에 유익한 것으로 보고 있어요. 지금 세계적으로 널리 채택되고 있는 병역 의무와 많이 비슷하지요. 모든 사람이 일정 기간 동안 자랑스럽게 군복을 입고 또 모든 사람이 김나지움을 통해서 소위 국가의 문화적 제복을 습득하는 프로이센에서, 광적인 열광자는 고대 그리스와 로마의 조건에 대해 말하고 있어요. 고대에나 성취 가능했던 국가의 전능 같은 것에 대해서 말이죠. 거의 모든 젊은이가 본능과 훈련을 통해서 국가를 인간 존재의 꽃으로, 인간 존재의 최고 목표로 여기는 그런 조건을 칭송한다는 뜻이지요."

"그런 비교는 광신자의 과장일 뿐이고, 오직 한쪽 다리로만 서려고 비틀거리고 있는 것이나 마찬가지야." 철학자가 말했다. "왜냐하면 문화가 구체적으로 국가에 이바지하는 한에서만 존경을 받고 또 국가의 목적에 즉시 적용할 수 없는 충동은 어떤 것이든 배척되는 그런 공리주의적인 관점은 고대 국가에선 상상조차 할 수 없었던 것이었기 때문이야. 국가가 공리주의적 관점을 택할 생각을 하지 않았다는 사실 때문에, 고대 그리스인은 현대인의 눈으로 봐도 충격적일 만큼 강한 국가에 대해 깊은 존경심과 감사하는 마음을 품었어. 그리스인은 국가의 보호를 받지 못하는 상태에서는 어떤 문화의 씨앗도 성장하지 못하고 발달하지 못한다는 점을 알고 있었어. 비길 데 없이 고매한 그리스인의 문화는, 말하자면 인류 역사상 가장 독특한 그리스 문화는 이처럼 문화를 보호하는 제도의 현명하고 사려 깊은 후원 아래에서만 최대한 풍성하게 번창할 수 있다는 진리를 그리스인들은 이미 잘 알고 있었던 것이지. 국가는 문화의 국경순찰관이나 규제자, 파수꾼이나 감독관이 될 것이 아니라 문화의 든든한 동료이자 동반자가 되어야 하는 거야. 말하자면 존경스럽고 고귀하고 탁월한 친구가 거친 현실을 잘 헤쳐 나갈 수 있도록 보호하고 그 친구가 노력한 대가를 충분히 보상받을 수 있도록 돕는 것이 국가의 임무야. 그렇게 하지 않고 정반대로 국가가 지금처럼 국민에게 감사의 마음을 열정적으로 표현할 것을 요구한다면, 그 같은 감사의 마음은 틀림없이 보다 고상한 독일 문화와 예술을 진정으로 존경하는 마음에서 나오지 않아. 이런 점에서 본다면, 독일의 과거도 현재보다 절대로 더 명예스럽지 않아. 독일의 위대한 시인들과 예술가들이 독일 도시에서 어떤 식으로 칭송을 받고 있는지, 그리고 이 거장들의 예술 프로젝트들이 국가의 지원을 어떤 식으로 받고 있는지를 대략적으로 훑어봐도 이 같은 사실이 쉽게 확인될 거야.

"따라서 이 대목에서 국가가 '문화'라 불리는 모든 것을 증진시키려 드는 경향과, 국가가 실제로 촉진시키고 있는 사이비 문화, 즉 국가의 권위에 복종하는 문화에 대한 설명이 반드시 필요해. 국가가 문화를 증진시키려는 경향은 현재 순수한 독일 정신뿐만 아니라 이 정신에서 비롯될 수 있는 진정한 문화와 교육과도 공개적으로 혹은 은밀히 전쟁을 벌이고 있어. 지금까지 자네한테 조금씩 설명해 온 그대로야. 따라서 국가가 그런 치열한 이해관계를 갖고 촉진하고 고무하는 교육 사상은 순수한 독일 정신에 절대로 닿을 수 없는 영역에 뿌리를 내리고 있음에 틀림없어. 국가의 이런 노력이 외국에서는 높이 평가받고 존경받고 있을지는 몰라도 말이네. 독일 종교개혁과 독일 음악, 독일 철학의 그 깊은 핵심에서 너무나 경이로운 목소리로 우리에게 말을 걸고 있는 그런 독일 정신과 전혀 관계가 없는 영역에서, 교육 문제가 다뤄지고 있다는 뜻이야. 진정한 독일 정신은 지금 망명 중인 군주처럼 무관심 속에 팽개쳐져 있으며 국가의 후원에 빠져 허우적거리고 있는 교육제도로부터 업신여김을 당하고 있어. 그 사이에 사이비 문화는 (종교 의식에 쓰이는) 긴 사슬이 달린 향로를 앞뒤로 흔들고 있어. 그러면서 사이비 문화는 문화라는 이름과 가치를 가로채고 있고, '교육 받은' 학교 선생들과 저널리즘의 삼류작가들의 박수갈채를 받으며 '독일'이라는 단어를 모욕적으로 다루고 있어.

"국가가 교육기관의 과잉과 선생의 과잉을 필요로 하는 이유는 무엇인가? 국가 교육과 대중의 계몽을 그처럼 대규모로 촉진하는 이유가 무엇인가? 진정한 독일 정신이 너무나 많은 미움을 받고 있고, 사람들이 진정한 교육과 문화의 귀족주의적 성격을 두려워하고 있고, 그래서 사람들이 소수의 위대한 개인들이 스스로 망명을 택하도록 몰아붙이고 있기 때문이야. 그렇게 하기만 하면, 교육에 대한 대중의 요구와 주장이 강력히 제기될 것이고 또 동시에 그 요구를 현실로 관철시킬 수 있게 될 거야. 이런 식으로 많은 사람들은 소수의 위대한 지도자에게 요구되는 힘들고 엄격한 훈련을 피할 수 있을 거야. 또 동시에 사이비 문화를 외치는 사람들은 대중들에게 국가라는 길잡이 별 아래에서 길을 쉽게 발견할 수 있다는 점을 설득시키려 하고 있어. 바로 이것이 새로운 현상이야! 국가가 문화의 길잡이 별을 자처하고 나서는 것 말야!

"그런 한편, 한 가지 사실이 나에게 위안이 되고 있어. 독일 정신이 지금 당혹스런 처지에 놓여 있다는 건 맞는 말이야. 사람들이 독일 정신 대신에 다른 대체품을 제시하고 있으니 말이네. 하지만 독일 정신은 용감해. 독일 정신은 보다 순수한 시대를 향해 제 길을 꿋꿋이 헤쳐 나가면서 스스로를 구할 거야. 지금 고고하지만 앞으로는 의기양양해지게 될 독일 정신은 국가에 대해 다소 동정적인 태도를 보일 거야. 국가가 지금 힘든 상태에서 사이비 문화와 동맹을 맺고 있을지라도 말일세. 어쨌든, 우리가 사람들을 통치하는 문제의 어려움에 대해 아는 것이 별로 없지 않은가? 수많은 사람들이 법과 질서, 평화, 번영을 누리도록 이끄는 것은 물론 어려운 문제야. 절대다수를 바탕으로 판단한다면, 사람들은 대단히 이기적이고, 불공정하고, 불합리하고, 불성실하고, 시기심 많고, 악의적이고, 천박하고, 편협하고, 완고하기 짝이 없어. 그런 가운데서도 국가는 탐욕스런 이웃들과 배반을 일삼는 도둑들로부터 획득한 것을 지키려고 끊임없이 애를 써야 하지 않는가? 이런 압박에 시달리는 국가로서는 당연히 어떠한 동맹에든 눈을 돌리게 마련이야. 그런 동맹 중 하나가 요란한 구호와 함께 국가에 봉사하겠다고 나서고, 또 이 동맹이 헤겔의 표현을 빌리며 국가를 '절대적으로 완벽한 도덕적 유기체'라고 묘사하면서 국민이 국가의 이익에 이바지하도록 만드는 것을 교육의 임무로 제시하고 나올 때, 국가가 그런 동맹의 팔에 안겨 '맞아! 그대가 교육이야! 그대가 문화야!'라고 야만적인 목소리로 크게 외치는 것이 뭐가 그리 이상한가."

# 4강

**(1872년 3월 5일)**

여러분은 여기까지 나의 이야기를 충실히 따라왔다. 철학자와 그의 젊은 동료 사이에 오간 대화는 고독하고, 현실과 거리가 있고, 이따금 거칠기도 하다. 이 대화를 통해서 여러분이 튼튼하고 가슴 뜨거운 수영선수처럼 우리 여정의 나머지 반을 스스로 헤쳐 나가려는 열의를 느낄 수 있었으면 하는 것이 나의 바람이다. 이런 마음을 품는 이유는 작은 꼭두각시극 같은 나의 이야기에 몇 개의 인형이 더 등장할 것이기 때문이다. 지금까지 그런대로 이해를 해왔을 것이지만, 앞으로는 이야기의 흐름이 한층 더 빨라질 것이다. 따라서 결론에도 보다 빨리, 보다 쉽게 도달할 것이다. 내가 말하고자 하는 바는 우리가 전환점에 거의 도달했다는 뜻이다. 그래서 여기서 잠깐 뒤를 돌아보면서 광범위하게 전개되고 있는 대화에서 우리가 얻었을 만한 것들을 떠올려 보는 것도 아주 적절할 것이다.

"현재 자네의 위치에 그대로 있게!" 철학자가 젊은 동료에게 훈계하는 것처럼 보였다. "자네는 희망을 품어야 하네! 왜냐하면 진정한 교육기관이 전혀 없는데 그런 교육기관이 필요하다는 사실은 과거 어느 때보다 더 분명해지고 있기 때문이야. 김나지움이 진정한 교육을 위해 만들어졌지만, 우리의 김나지움은 진정한 교육(말하자면 일부 선택된 개인들의 영혼만을 대상으로 한 귀족주의적인 교육)을 증오하고 반대하면서 스스로를 지키려 하는 의문스런 '문화'의 온실 역할을 하고 있어. 아니면 우리가 미심쩍은 '문화'의 아첨에 눈멀고 귀먹게 할 그런 편협하고 비생산적이고 학문적인 지식의 종묘장 역할을 하고 있어. 그런데 이 지식은 진정한 교육과는 아무런 공통점이 없는 것들이야." 철학자는 자기 동료에게 특별히 주의를 당부한다. 국가가 문화를 통제할 수 있고 문화를 이용해 국가 목표를 달성할 수 있다고 믿을 때마다, 또 국가가 이 철학자가 '진정한 독일 정신'이라고 부르는 것뿐만 아니라 외국의 적들에 맞서는 투쟁에 문화를 이용하려 할 때마다 불가피하게 문화의 심장에 이상한 오염이 일어난다는 주장이었다. 이 독일 정신은 더없이 숭고한 끈에 의해 그리스인들의 정신과 연결되어 있다. 또 독일 정신은 과거의 역경 속에서도 끈기 있게 용기를 발휘했으며, 또 순수하고 고상한 목표를 추구했으며, 예술을 통해 최고의 소명에, 즉 현대인을 현대성의 저주로부터 해방시키는 소명에 부응할 수 있었다. 그런데 바로 이 독일 정신이 그 유산으로부터 단절된 채 저주를 받으며 외로이 살고 있다. 그럼에도 독일 정신의 비탄은 더디더라도 현재라는 황무지로 메아리를 치면서 우리 시대의 천박한 문화적 대상(隊商)에게 겁을 주고 있다. 우리는 경외심이 아니라 공포를 불러일으켜야 한다고 철학자는 말했다. 또 겁쟁이처럼 달아날 것이 아니라 공격해야 한다고 조언했다. 무엇보다 철학자는 젊은 동료에게 보다 고차원적인 본능 때문에 현재의 야만에 혐오감을 강하게 품고 있는 개인들에 대한 걱정을 지나치게 많이 하지 말라고 조언했다. "그런 사람이 있으면 그냥 내버려 두게. 신비한 기운이 깊은 곳에서 올라오는 한, 델포이의 신은 새로운 제단을, 말하자면 또 다른 델포이를 찾는 데 아무런 어려움을 느끼지 않을 테니까."

　　철학자가 다시 읊조리듯 말했다. "보게나, 두 가지를 서로 혼동하지 않도록 특별히 조심해야 하네. 사람은 살아가기 위해, 생존을 위한 전투를 벌이기 위해 많은 것을 배울 필요가 있어. 하지만 사람이 한 사람의 개인으로서 그런 목표를 갖고 배우고 행동하는 모든 것은 교육이나 문화와 아무런 관계가 없어. 반대로, 문화는 생존을 위한 필요와 궁핍, 투쟁의 세계보다 훨씬 더 높은 층의 대기권에서 시작해. 문제는 어떤 사람이 자기 자신을 다른 개인들보다 얼마나 더 높게 평가하고, 그의 힘 중에서 어느 정도를 생존을 위한 개인적 투쟁에 쏟기로 결정하는가 하는 점이야. 어떤 사람은 자신의 욕구를 금욕적으로 제한함으로써 이기심을 떨쳐버릴 수 있는 영역으로 아주 빨리, 또 쉽게 올라가. 그러면서 영원하고 비개인적인 관심이라는, 일종의 태양계 같은 곳에서 영원한 젊음을 누려. 또 어떤 사람들은 자신을 위해 어마어마한 크기의 무덤을 지으려고 자신의 주관적 욕구와 영향력을 확장하고 있어. 그렇게 하면 거대한 적(敵)인 시간을 쳐부술 수 있다는 식으로 말이네. 이 같은 충동에서 불멸성에 대한 인간의 갈망을 엿볼 수 있어. 부와 권력, 지능, 마음의 변덕, 달변, 건강한 용모, 명성 등등. 이 모든 것들은 단지 탐욕스런 개인의 생명이 새로운 생명을 갈망하고 불멸이라는 헛된 망상을 갈구하는 수단에 지나지 않아.

"그러나 이 같은 최고 형식의 자아에서도, 이런 확장된, 말하자면 공동의 개성에 대한 욕구에서도, 진정한 문화는 절대로 건드려지지 않아. 예를 들어, 예술이 추구된다 하더라도,

예술을 퍼뜨리고 자극하려는 행동만 두드러질 거야. 말하자면 순수하고 장엄한 예술은 거의 일으키지 못하고 저급하고 왜곡된 형태의 예술만을 낳게 될 것이란 뜻이야. 어떤 개인이 하는 모든 행위와 노력이 다른 사람들에게 아무리 훌륭해 보이더라도, 그 사람은 그런 행위와 노력을 펴면서 탐욕스런 이기심으로부터 절대로 자유롭지 못해. 무욕(無欲)의 사고가 이뤄지는 밝고 맑은 공간은 그로부터 멀리 벗어나 있어. 따라서 그 사람은 공부하고 여행하면서 많은 것을 보고 수집한다 할지라도 평생을 진정한 문화로부터 영원히 추방된 상태에서 살아가게 될 거야. 진정한 문화는 탐욕스런 개인에 의해 오염되는 것을 싫어하기 때문이지. 그래서 진정한 문화는 문화를 이기적인 목적을 위한 수단으로 이용하려 드는 사람들을 극구 피하려 들어. 어느 누구라도 문화를 소유할 수 있다고 생각하거나 자신의 욕구를 충족시키고 생계를 꾸리는 수단으로 이용할 수 있다고 생각한다면, 바로 그 순간 문화는 경멸의 눈길을 보내며 살금살금 뒷걸음질치며 사라져

버리고 말아.

"친구야, 그러니 문화를, 말하자면 애지중지 보살펴줘야 할 천상의 여신 같은 문화를 오늘날 문화라는 이름으로 불리고 있는 실용적인 하녀와 혼동하지 않도록 하게나. 오늘날 문화로 불리고 있는 것들은 빈곤과 삶의 필요, 생계를 꾸리는 문제에 도움을 주는 지적 하인이나 조언자에 지나지 않거든. 경력이나 밥벌이로 끝나는 교육은 어떤 것이든 우리가 말하는 의미의 문화나 진정한 교육으로 연결되지 않아. 그런 교육은 단지 생존을 위한 투쟁에서 자기 자신을 지키는 방법을 보여줄 뿐이야. 물론 절대 다수의 사람들에겐 이것이 가장 중요한 문제이긴 하지만 말이네. 그 투쟁이 힘들수록, 사람들은 젊어서부터 더 열심히 공부하고 더 열심히 일해야 해. 하지만 그런 사람들이 생존 투쟁을 벌이도록 격려하는 교육기관을 진지한 의미에서 말하는 그런 교육기관으로 보지 않도록 하게나. 이 교육기관들이 공무원이나 상인, 군인, 사업가, 농민, 의사, 엔지니어 중 어떤 부류를 배출하든 상관

없이, 그곳에선 생존 투쟁에서 이기는 방법을 가르치고 있어. 이 교육기관들의 원칙이나 기준은 진정한 교육기관의 원칙이나 기준과 많이 다를 것임에 틀림없어. 이 교육기관에서 허용되고 심지어 요구되는 것들은 진정한 교육기관에서는 범죄나 다름없는 행위가 될 수도 있어.

"친구야, 한 가지 예를 제시하겠네. 만약에 자네가 어느 젊은이를 제대로 된 교육의 길로 들어서도록 이끌고 싶다면, 그 젊은이가 자연과 맺고 있는, 순수하게 신뢰하고 개인적이고 직접적인 관계가 깨어지지 않도록 특별히 조심해야 하네. 숲과 바위, 폭풍, 독수리, 외로이 핀 꽃, 나비, 초원, 산허리 등이 그 젊은이에게 나름의 목소리로 말을 걸 수 있어야 해. 젊은이는 그런 것들 속에 안겨 있는 자신의 모습을 보아야 하네. 무수히 많은 거울과 그림자 속에, 또 늘 변화하는 외양의 천연색 소용돌이 속에 들어 있는 것처럼 말이네. 그러면 젊은이는 자기도 모르게 자연이라는 위대한 상징 안에서 모든 것이 형이상학적으로 하나가 되는 것을 느낄 거야. 당연히 자연의 영원한 인내와 필연으로부터 평화를 끌어낼 수 있을 거야. 하지만 오늘날 그런 식으로 자연을 가까이하면서, 자연과 직접적인 관계를 유지하면서 성장할 기회를 누리는 젊은이들이 과연 얼마나 될까? 대부분의 젊은이들은 이와 다른 가르침을, 그것도 아주 일찍부터 배우고 있음에 틀림없어. 그 가르침이란 바로 자연을 인간의 지배하에 둬야 한다는 것이지. 순수한 형이상학은 종말을 맞고 있고, 식물학과 동물학, 지리학, 무기 화학은 젊은이들에게 완전히 다른 자연관을 강요하고 있어. 이런 새로운 자연관이 강요되고 있는 결과 상실하게 된 것은 일부 시적인 환상이 아니라 자연에 대한 유일하게 진정하고 본능적인 이해야. 자연에 대한 진정한 이해 대신에 오늘날 야비하게 자연을 이기려는 충동과 약삭빠른 계산이 그 자리를 차지하고 있어. 진정한 교육을 받은 사람에게만 어린 시절의 명상적인 본능을 그대로 간직하는 것이 허용되는 법이야. 그렇기 때문에 진정으로 교육을 받은 사람은 생존 투쟁에서 이기는 방법을 배운 사람들이 절대로 꿈꿀 수 없는 그런 평화와 통일성, 영적 교감, 조화를 이룰 수 있어.

"친구야, 그렇다고 내가 레알슐레의 정당한 역할에 대해 칭송하지 않는다는 말은 아닐세. 나는 아이들에게 수학과 일상의 상업적 언어를 가르치고 지리학을 진지하게 받아들이게 하고 자연과학의 발견들을 알게 하는 그런 교육기관들을 높이 평가하고 있어. 나는 또한 훌륭한 레알슐레를 통해 준비가 잘 된 학생들은 김나지움 졸업자들과 똑같은 특권을 누릴 자격을 충분히 갖추고 있다는 점을 인정해. 대학과 공직이 이런 학교들의 학생들에게 제한을 두지 않고 문을 활짝 열 날도 틀림없이 멀지 않았어. 지금은 대학과 공직이 김나지움 졸업생들에게만 기회를 주고 있지만 말이네. 뭐랄까, 그런 기관의 학생들도 오늘날의 김나지움 학생들과 똑같은 특권을 누릴 자격을 갖추고 있다는 뜻이야. 이 대목에서 이런 생각을 덧붙이지 않을 수 없다는 사실은 가슴 아픈 일이 아닐 수 없다네. 레알슐레와 김나지움이 오늘날 추구하는 목표가 서로 약간만 다를 뿐 거의 동일한 것이 사실이라면, 두 교육기관은 국가로부터 동등한 평가를 받아야 하고, 또 그 같은 사실은 또 다른 종류의 교육기관, 즉 진정한 교육을 실시할 교육기관이 절대적으로 부족하다는 점을 의미할 뿐이라는 점이야. 나에게 레알슐레를 비판할 뜻이 조금도 없다는 사실을 알아주길 바라네. 레알슐레는 상당히 낮긴 하지만 그래도 절대적으로 필요한 목적을 대단한 성실성을 바탕으로 성공적으로 달성했으니 말이네. 그러나 김나지움 영역으로 오면 성실성도 현격히 떨어지고 성공은 훨씬 더 떨어져. 김나지움을 보면 본능적으로 수치심 같은 것을 느끼지 않을 수 없어. 김나지움이라는 교육기관 전체의 수준이 비참할 만큼 떨어졌고, 또 김나지움의 야만적인 황폐함과 비생산적인 현실은 그곳에서 가르치는 영리한 선생들이 교육에 대해 하는 말이 잘못되었다는 점을 입증하고 있다는 사실을 무의식적으로 인정하게 된다는 뜻이야. 지금 독일엔 진정한 교육기관이 하나도 없어! 그리고 문화와 교육을 모방하려고 노력하는 바로 그 가짜 교육기관에서, 사람들이 소위 '현실적인' 주제들을 가르치는 중등학교에서보다도 더 심하게 절망하고, 불만을 느끼고, 위축되고 있어! 그런데 친구야, 자네는 이 선생들의 집단이 얼마나 거칠고 무식한지 알 거야. 개중엔 철학적인 단어인 '객관적으로 존재하는'(real)과 '실재론'(realism)을 제대로 알지 못하고 있는 사람도 있으니 말일세. 일부 선생들은 이 용어들의 뒤에 물질과 정신의 대립 같은 것이 있다고 의심하면서, '실재론'을 '실제로 존재하는 현실을 인식하고, 형성하고, 통달하려는 경향'이라는 식으로 해석하고 있거든.

"내가 아는 한, 진짜 대립은 한 가지밖에 없어. 교육기관과 생존 투쟁을 위한 기관 사이의 대립이 그거야. 현재 존재하고 있는 모든 것은 생존 투쟁을 위한 기관의 범주에 속하는 것들이야. 그러나 내가 지금 설명하고 있는 것은 교육기관이라네."

철학적인 두 동료가 이상하고 어려운 문제를 논하는 동안에, 아마 두 시간은 훌쩍 지났을 것이다. 어둠이 깔렸다. 철학자의 목소리는 이미 박명의 빈터에서 일종의 자연의 음악처럼 들렸다. 그러나 어둠이 완전히 깔린 지금 그의 목소리는 흥분이나 열정 때문에 올라가기라도 하면 연이어 터져나오는 천둥처럼 나무둥치에 부딪쳐 울리거나 절벽을 타고 아래 계곡으로 퍼져나갔다. 그러다 갑자기 철학자가 침묵을 지켰다. 고소인처럼 불만 섞인 말투로 "교육기관이 없어! 교육기관이 하나도 없단 말야!"라고 되풀이 말한 뒤였다. 그때 그의 얼굴을 스치듯 무엇인가가 땅바닥으로 떨어졌다. 아마 솔방울이었을 것이다. 그러자 그의 개가 큰 소리로 짖으며 방금 떨어진 것을 향해 물듯이 달려들었다. 철학자는 이 소리에 방해를 받고 머리를 들다가 갑자기 밤을, 서늘함을, 고독을 느꼈다. "아니, 우리 지금 여기서 뭘 하고 있는 거야?"라고 그가 동료에게 물었다. "어두워졌어. 자네도 우리가 누군가를 기다리고 있다는 사실을 잘 알고 있지? 그런데 그 사람이 오늘 안 오려나 보네. 아무런 소득 없이 늦게까지 여기 머물렀네. 이제 가야겠어."

　여러분, 이제 나의 친구와 내가 숨어서 이 대화를 엿들을 때의 기분에 대해 말할 때가 되었다. 우리 두 사람은 철학자와 그 동료의 대화를 아주 똑똑히 또 열심히 들었다. 나와 나의 친구가 그날 밤 거기서 일종의 기념행사 같은 것을 치르기로 했다는 사실에 대해서는 이미 밝힌 바 있다. 그것은 나의 친구와 내가 제대로 알지 못하면서도 그때까지 누렸던 문화적 및 교육적 풍요를 기념하는 것에 지나지 않았다. 우리는 몇 년 전에 바로 거기서 꿈꾸었던 한 서클에 대해 특별히 감사하는 마음을 품고 있던 터였다. 혈기 넘치던 우리들의 생생한 문화적 충동을 상호 감시함과 동시에 격려하기 위해 동료 학생 몇 명을 중심으로 구성한 서클이었다. 우리가 말 없이 침묵 속에서 철학자의 호소력 넘치는 말들을 다 들었을 때, 우리의 전체 과거에서 전혀 예상하지 않았던 어떤 빛이 반짝이기 시작했다. 아무 생각 없이 주변을 어슬렁거리다가 돌연 자신의 발 앞에서 심연을 보았을 때나 느낄 법한 그런 기분도 들었다. 나의 친구와 나는 심각한 위험을 피하는 데 실패했을 뿐만 아니라 사실 그 위험을 향해 정면으로 돌진하고 있었던 것이다. 우리가 너무나 소중히 간직하고 있는 바로 그 장소에서 우리는 경고의 외침을 들었다. "돌아서! 앞으로 한 발짝도 더 떼지 마! 이 빛나는 길이 지금 너희들을 어디로 데리고 가고 있는지 알기나 하는 거야?"

　바로 그때 진지한 경고를 하는 이 충직한 에크하르트 (Eckhart: 5세기경부터 전승되어 오는 게르만 민족의 대서 사시 '니벨룽의 반지'에 등장하는 인물로 자신의 주인 하겐 폰 트론예에게 훈족을 경계하라는 예언을 했다/옮긴이)에 게 감사하는 마음이 우리에게 강하게 일어났다. 그래서 우리 의 마음은 이미 우리도 모르는 사이에 철학자가 있는 쪽으로 향하고 있었다. 나의 친구와 나는 동시에 그를 포옹하기 위해 몸을 날렸다. 그가 막 자리를 뜨려고 일어서는 순간, 우리 는 그 사람 쪽으로 달려들었다. 그러자 그의 개가 큰 소리로 짖으면서 우리 쪽으로 덤벼들었다. 철학자와 그의 동료는 자신들이 따스한 포옹을 받는 것이 아니라 노상강도의 습격을 받았다고 생각했을 것임에 틀림없다. 분명히, 철학자는 나의 친구와 내가 거기에 있었다는 사실을 까마득히 잊고 있었다. 한마디로 말해, 철학자가 달아나고 있었다는 뜻이다.

나의 친구와 나는 철학자를 붙들었으나, 그를 뜨겁게 끌어안으려던 당초의 의도는 완전히 실패로 끝나고 말았다. 바로 그 순간에 나의 친구가 개에게 물려 비명을 질렀고, 철학자의 동료가 무지하게 센 힘으로 나를 덮친 탓에 우리 두 사람은 땅바닥으로 넘어졌다. 흙먼지가 피어오르는 가운데, 인간과 개 사이에 무서운 드잡이가 몇 초 동안 이어졌다. 그러다 나의 친구가 철학자의 말을 패러디해 큰 소리로 흉내 내자 소동이 뚝 멈췄다. "문화적인 모든 것과 사이비 문화적인 모든 것의 이름으로! 이 어리석은 개야! 넌 지금 여기서 뭘 하고 있는 건가? 썩 물러서거라, 피라미 같은 녀석아. 솔선할 줄은 모르고! 우리의 정신을 건드리지 마! 부끄러워할 줄 알 것이며, 조용히 물러나거라!"

나의 친구가 이런 식으로 말하고 나자, 어둠이 짙게 깔린 숲 속에서도 사태가 더욱 분명하게 드러났다. "학생들이었구나!" 철학자가 외쳤다. "사격 선수들이네! 얼마나 무서웠는지 알아? 캄캄한 밤에 너희들이 그런 식으로 나에게 달려든 이유가 뭐야?"

"행복, 감사, 존경의 마음!" 늙은 철학자의 개가 의심의 눈길을 거두지 않고 연거푸 짖는 사이에, 우리는 철학자의 손을 잡고 흔들며 말했다. "선생님의 말씀을 듣고 느낀 바를 전하지 않고 선생님을 그냥 보내서는 안 된다는 기분이 들었어요. 선생님계선 아직 자리를 뜨시면 안 됩니다. 저희들에게 설명해 주셔야 할 게 아주 많습니다. 저희들에게 절실히 와 닿는 문제들과 관련해서 선생님께 여쭙고 싶은 질문이 너무나 많아요. 계속 여기 머물러 주십시오. 조금 있다가 저희들이 선생님을 산 아래까지 모셔다 드리겠습니다. 저희들은 이곳 지리를 훤히 알고 있습니다. 아마 선생님께서 기다리시는 친구 분도 지금 오고 있을 겁니다. 저기 라인강 쪽으로 한번 내려다보세요. 마치 수많은 횃불들의 빛 속인 듯, 저렇게 밝게 헤엄을 치고 있는 저것은 무엇입니까? 저는 저기서 선생님의 친구 분을 찾고 있습니다. 그 분이 저 횃불들을 이끌고 이곳으로 올라오고 있다는 느낌이 들어요."

나의 친구와 나는 놀란 표정을 짓고 있는 노인에게 온갖 질문과 약속, 환상적인 제안의 말을 쏟아냈다. 철학자의 젊은 동료가 마침내 부드러운 밤공기를 마시며 산책을 조금 더 하는 쪽으로 철학자를 설득하는 데 성공했다. 철학자의 젊은 동료는 "온갖 엉터리 지식으로부터 자유로운 상태에서요."라고 덧붙였다.

"창피하지도 않으냐!" 철학자가 말했다. "뭔가를 인용했다 하면 '파우스트'(Faust)뿐이니 말이네. 하지만 나는 자네의 뜻을 받아들이겠네. 인용과 상관없이, 학생들이 조용히 침묵을 지키며 여기 있으면서, 나타날 때처럼 홀연히 사라지지만 않는다면 말일세. 도깨비불 같잖아! 학생들이 없어질 때도 놀랐고, 학생들이 나타날 때도 놀랐잖아."

이 대목에서 나의 친구가 갑자기 괴테의 '파우스트'의 한 구절을 암송했다.

경건한 마음으로,

경망스런 천성을 고치도록 힘 쓰겠나이다.

우리의 길은 언제나 갈지자이니 말입니다

철학자는 경탄하며 그 자리에 섰다. "정말 놀랍군." 그가 말했다. "대단한 도깨비불들이로구나. 우리는 절대로 궁지에 빠지지 않았어! 너희들은 지금 어디에 서 있다고 생각하나? 철학자와 가까이 있다는 것은 너희들에게 무슨 의미인가? 철학자의 주변엔 공기가 맑고 예리하며, 흙은 건조하고 딱딱해. 지그재그로 걷길 원한다면, 자네들은 조금 더 공상적인 곳을 찾는 게 낫겠어."

"제 생각엔 이 학생들이 이미 밝힌 것 같은데요." 철학자의 동료가 끼어들었다. "어떤 맹세를 한 바가 있어서, 학생들이 여기에 한동안 머물러야 한다고 했어요. 그런데 학생들의 귀에 우리가 교육에 대해 하는 얘기가 마치 합창처럼 들렸던 것 같아요. 말하자면 진정으로 '이상적인 방관자'로서 우리의 얘기를 들었다는 생각이 듭니다. 학생들이 우리를 방해하지도 않았고, 우리도 학생들이 거기에 있다는 사실조차 깨닫지 못하고 있었으니까요."

"그래, 그 말이 맞아." 철학자가 말했다. "너희들을 칭찬하지 않을 수 없어. 학생들은 이보다 더 큰 칭찬의 소리를 들었을 것 같은데…."

이 대목에서 나는 철학자의 손을 꼭 잡으며 말했다. "머리를 진흙 속에 묻고 배를 땅 바닥에 깔고 누운 뱀처럼 사악한 사람이 아니고서야 어떻게 선생님의 말씀을 듣고도 아무 생각 없이 지나칠 수 있겠습니까? 누가 선생님의 말씀을 듣고도 열정이 자극 받지 않을 수 있겠습니까? 아마 선생님께서 하시는 말씀은 일부 사람들을 화나게 만들 것입니다. 얼굴을 찌푸리게 하거나 자책에 빠져들게 할 것입니다. 그러나 제가 받은 인상은 다릅니다. 저는 그 인상을 어떻게 묘사해야 할지 잘 모르겠습니다. 저희들은 바로 이 장소와 시간을 선택했습니다. 그리고 저희 둘 다 무엇이든 받아들이겠다는 태도로 편안한 자세를 취하고 있었지요. 저희들은 그렇게 준비된 상태로 거기에 앉아 있었습니다. 마치 빈 항아리처럼 말입니다. 지금 저는 새로운 지혜로 넘쳐나는 것을 느끼고 있습니다. 제 자신이 완전히 망연자실, 어찌할 바를 몰라했으니까요. 만약에 누군가가 나에게 내일 또는 평생 동안 뭘 할 계획이냐고 물었다면, 저는 어떻게 대답해야 할지 몰라서 당황했을 것입니다. 분명히, 저희들은 지금까지 완전히 그릇된 방향으로 살아 왔고 또 그릇된 교육을 추구해 왔어요. 하지만 현재와 미래를 갈라놓고 있는 그 틈을 건너뛰려면 어떻게 해야 합니까?"

"그렇습니다." 나의 친구도 동의했다. "저도 똑같이 그렇게 느끼고 있습니다. 저도 똑같은 질문을 하고 싶었습니다. 그런데 독일의 교육과 문화의 과제에 대한 그런 식의 고귀하고 이상적인 견해가 왠지 저를 무섭게 만듭니다. … 저도 이 프로젝트에 참여할 만한 자격이 있을까요? 아주 많은 것을 타고나고 또 아주 많은 것을 부여받은 천성의 소유자들이 눈부신 행렬을 이루며 이 목표를 향해 다가서고 있는 것이 보입니다. 이 행렬이 앞으로 뛰어넘어야 할 심연과 피해야 할 유혹이 어떤 것인지 짐작이 됩니다. 어떤 사람이 이 행렬에 가담할 만큼 대담할 수 있을까요?"

이 대목에서 철학자의 동료도 철학자 쪽으로 몸을 돌리며 말했다. "저의 말이 저에게 그럴 자격이 있다는 식으로 들렸더라도 이해해 주시길 바랍니다. 저는 선생님과 대화하다 보면 종종 제 자신이 평소 수준 이상으로 높아지는 것을 느끼고 또 선생님의 용기와 희망에 가슴이 따뜻해짐을 느낍니다. 제 자신이 어떤 존재인지를 망각하게 되지요. 그러다 정신이 번쩍 드는 순간이 옵니다. 그러면 현실감이 되살아나지요. 저는 선생님과 저 사이에 깊은 틈을 봅니다. 그럴 때마다 선생님께서 저를 마치 꿈속에서 그러듯이 그 틈을 건너뛰게 해

주시지요. 선생님께서 품고 계신 교육의 비전이 저 위 높은 곳에 내걸려 있어요. 아니, 쇠사슬 갑옷처럼 저의 가슴을 짓누르고 있다는 표현이 더 정확할 것 같아요. 그것은 제가 휘두르기에 벅찬 칼 같은 것이지요."

철학자 앞에서 돌연 우리 세 사람이 함께 뭉치는 그런 상황이 벌어지게 되었다. 머리 위로 별이 총총한 하늘이 끝 간 데 없이 펼쳐지는 가운데, 우리 세 사람은 서로를 자극하고 격려하면서, 몇 시간 전에 나의 친구와 나의 사격장 역할을 했던 나무 없는 평지를 서서히 이리저리 거닐면서 대충 다음과 같은 말을 했다. "선생님께서는 천재와 천재의 고독, 그리고 천재가 세상을 헤쳐 나가면서 겪는 어려움에 대해 말씀을 많이 하셨습니다. 마치 자연은 오직 극단적으로 대립하는 것들만을 낳는 것처럼 말입니다. 한편엔 본능에만 충실한 채 어리석게 잠을 자는 대중이 있고, 다른 한편엔 이 대중과 거리가 아주 먼, 영원한 창조를 성취할 수 있는 대단히 명상적인 개인들이 있다는 식으로 말입니다. 그런데 선생님께서는 이 개인들을 지적 피라미드의 정점이라고 부르고 있어요. 논리적으로, 피라미드의 무게를 떠받치고 있는 넓은 밑바닥과 자유롭게 공중을 날아다니는 꼭대기 사이에 무수히 많은 중간 단계가 있어야 하는 것이 아닙니까? 다른 곳이라면 몰라도, 여기엔 '자연은 절대로 비약하지 않는다'는 원칙이 적용되어야 할 것입니다. 선생님께서 문화라고 부르는 것은 어디서 시작합니까? 저급한 영역과 고급한 영역을 나누는 경계는 어디에 있습니까? 그리고 만약에 가장 높은 위치에 서 있는 존재들과 관련해서만 문화에 대해 진정으로 말할 수 있다면, 어림할 수 없는 그들의 천성이 어떻게 교육기관의 바탕이 될 수 있습니까? 오로지 이런 선택된 소수의 사람들에게만 이로운 교육기관을 상상하는 것은 무슨 의미입니까? 그들은 이미 자신의 길을 찾는 방법을 알고 있는 사람들이라는 생각이 듭니다. 마치 사람들로 붐비는 곳을 마음대로 돌아다니는 귀신처럼, 다른 모든 사람이 필요로 하는 교육적 목발에 의지하지 않고도 세계사의 온갖 학대와 소용돌이를 성큼

성큼 헤쳐 나가는 그들의 능력, 그것이 바로 그들의 힘을 보여주는 것이 아닙니까?"

나의 친구와 나, 그리고 철학자의 젊은 동료는 대충 이런 식으로 요약되는 말을 다소 중구난방으로 늘어놓았다. 철학자의 동료는 한 걸음 더 나아가 이렇게 말했다. "독일인들이 자랑스럽게 여기는 위대한 모든 천재들에 대해 생각해 보십시오. 진정한 독일 정신의 진정한 지도자라고 부르는 그런 인물들을 말입니다. 독일인들은 동상을 건립하거나 의식을 행하는 방법으로 위대한 인물들의 유산을 기념하고 있으며 또 그들의 작품을 다른 국민들에게 자랑스럽게 내세우고 있습니다. 그런 인물들은 선생님께서 주장하시는 그런 교육을 어디서 발견했습니까? 그런 인물들은 국가 교육이라는 햇살 속에서 어느 정도 영양분을 공급 받고 성숙했습니까? 어쨌든 그런 인물들이 존재하는 것은 가능한 것 같습니다. 그들은 지금 우리가 대단히 존경하는 그런 위치에 서 있습니다. 그들의 작품은 그들이 거쳐온 과정을 정당화하는 것으로 여겨집니다. 그 시대의 특징이었던 교육의 결여를 당연히 그들도 겪었지요. 레싱이나 빙켈만은 당대의 독일 문화에서 어떤 혜택을 누렸습니까? 아무런 혜택을 보지 못했습니다. 적어도 베토벤이나 실러, 괴테를 비롯한 독일의 위대한 예술가들과 작가들은 독일 문화의 혜택을 거의 보지 않았습니다. 후손만이 앞 시대를 탁월하게 만든 천부의 재능들을 알아볼 수 있는 것은 아마 자연의 법칙인 것 같습니다."

이 대목에서 늙은 철학자는 더 이상 화를 누르고 있을 수 없게 되었다. "순진해 빠진 풋내기 같으니!"라고 철학자는 동료를 향해 소리를 버럭 질렀다. "지식의 어린 양들! 오, 어미젖이나 빠는 짐승 새끼들, 그게 자네들의 운명이야! 그것만큼 비뚤어지고, 무능하고, 편협한 생각은 없어! 자네가 한 말에서 오늘날 말하는 문화가 결실을 맺는 소리가 들려. '자명한' 역사적 사실들과 건방진 역사적 합리화가 나의 귀에서 메아리를 치고 있어. 오, 순결한 자연이여, 이 순간을 기억해 주오. 그대는 역사가 아주 깊다오. 별이 총총한 이 하늘이 그대 위로 오랜 세월 동안 펼쳐져 있었지만, 그대는 이 시대가 사랑하는 잡담만큼, 지식을 바탕으로 했으면서도 기본적으로 공허하기 짝이 없는 말들을 일찍이 들어보지 못했을 것이오!"

철학자의 말이 계속 이어졌다.

"그렇다면 자네들은 고국의 시인들과 예술가들을 자랑스럽게 여기는가? 자네들은 그들의 이름을 나열하면서 외국인들에게 자랑하는가? 그 시인들을 여기 불러내는 데 아무런 노력이 필요없다는 이유로, 자네들은 더 이상 그들에 대해 깊이 생각하지 않아도 된다는 믿음을 갖고 있지 않아? 이 순진한 친구들아, 그들은 저절로 된 것 같지? 그냥 황새가 물고 온 것 같지? 산파의 도움도 없이! 자네들에겐 진지한 가르침이 필요할 것 같군. 자네들이 이름을 들먹이고 있는 인물들의 숭고한 정신이 사람들의 야만성 때문에 질식하고, 소모되고, 때 이르게 시들어 버렸다는 사실에 대해 반성을 하지 않고 그냥 자랑스럽게 생각하기만 하면 되는가? 자네들은 레싱을 생각할 때마다 그가 사람들의 어리석음과 바보짓, 토템이나 우상들과의 충돌, 그리고 형편없는 극장들과 학자들, 신학자들 때문에 힘들어 했다는 사실에 대해 부끄러움을 느끼지 않는가? 그가 세상에 존재하게 된 이유였던 영원한 비상(飛上)을 결코 감행할 수 없었으니 말이네. 그리고 보통 사람들의 괴상한 부조리로부터 스스로를 해방시키기 위해 예수회 수사들에게 도움을 청했던 빙켈만을 떠올릴 때, 자네들은 어떤 기분을 느끼는가? 그의 개종이 문제가 된다면 그 개종이 그의 체면을 잃게 할 것인데 왜 다른 사람들이 들고 일어나야 하는가? 자네들은 실러의 이름을 들먹이면서 부끄러움에 얼굴을 붉히지 않을 수 있는가? 그의 초상화를 보라! 경멸하듯 자네들의 머리 위쪽을 응시하고 있는 반짝이는 그의 두 눈과 죽음의 그림자가 묻어나는 홍조 띤 두 뺨이 자네들에게 아무런 말을 하지 않는가? 신들의 영광스런 장난감이 있었는데, 그걸 자네들이 깨뜨려 버렸어. 괴테의 우정마저 없었더라면, 자네들 같은 사람들에게 치명적일 만큼 괴롭 힘을 당하던 실러의 존재는 그보다 훨씬 더 빨리 꺼졌을 수도 있지 않은가! 역사에 기억되고 있는 위대한 천재들 중에서 자네들 같은 사람들로부터 도움을 받은 사람은 단 한 사람도 없어. 그런데 사람들은 미래에도 천재가 아무런 도움을 받지 못하도록 가로막는 것을 신념으로 삼고 있지 않은가? 그 천재들 모두에게 자네들 같은 사람들은 괴테가 '실러의 종의 노래 에필로그'에서 말한 '아둔한 세계의 저항'이었어. 천재들 각자에게 사람들은 이해력의 부족이나 편협한 시기심 혹은 적대적인 이기심을 보였어. 그런 사람들이 있었음에도 불구하고, 천재들은 불후의 명작을 창조했어. 천재들도 자신을 공격하는 사람들에게 나름대로 맞섰으며, 그 결과 천재들은 투쟁에 지치고 망가진 상태에서 작품을 다 마무리 짓지 못하고 서둘러 세상을 떠났어. 만약에 진정한 독일 정신이 강력한 기관의 형식을 통해서 그 천재들의 머리 위로 보호의 지붕을 펼 수 있었더라면, 이 영웅적인 인물들이 어떤 것을 창조할 수 있었을 것인지 누가 짐작할 수 있어? 그런 보호의 기관이 없을 경우에 독일 정신은 고립된 채 피폐하고 퇴보하는 상태에서 존재를 궁색하게 이어가게 되지 않겠는 가? 천재들 모두는 사람들에 의해 때 이르게 파괴되었으며, 자네들이 이 문제에서 죄를 조금이라도 덜 수 있는 유일한 길은 헤겔의 철학에 따라, 세상에서 일어나는 모든 일의 합리성을 최대한 믿는 것뿐이야.

"위대한 인물들만이 아니야! 지적 구별이 이뤄지는 모든 영역에서, 고발자들이 자네들을 비난하기 위해 앞으로 나서고 있어. 작가나 철학자, 화가, 조각가들을 볼 때마다, 나는 그들의 재능이 제대로 성숙하지 못했거나, 과도하게 자극을 받았거나, 때 이르게 소모되었거나, 꽃을 활짝 피우기 전에 말라버리거나 얼어버린 것을 확인해. 탁월한 재능을 가진 사람들만 그런 것이 아니고, 거의 다 그래. 모든 천재들에게서 나는 '아둔한 세계의 저항'을 느끼는데, 이 점에 대해서는 자네들도 죄의식을 느껴야 하지 않겠는가. 내가 진정한 교육기관을 요구하며 오늘날 교육기관이라는 이름으로 불리고 있는 것들을 한심한 곳이라고 깎아내릴 때, 내가 뜻하는 바가 바로 그런 거야. 이 같은 요구에 대해 '이상주의적이다'라거나 정말로 어떤 '이상'과 연결시켜 생각하는 사람은 찬사처럼 들리는 달콤한 말로 나를 속이려는 게 틀림없어. 그런 사람들은 현재 우리가 갖고 있는 것은 단지 비열하고 불명예스런 것에 지나지 않는다는 대답을 들어야 해. 황량한 황무지에서 추위에 떨며 온기를 필요로 하고 있는 사람이 '이상주의자'라는 비난을 듣게 된다면 아마 미쳐 돌아버리게 될 거야. 진정한 교육의 문제는 현재의 문제이며 또 너무나 급박한 문제야. 추위와 굶주림만큼이나 현실적인 문제이지. 그러나 만약에 어떤 사람이 전혀 아무런 감정을 느끼지 않는다 하더라도, 그 사람도 자기 나름으로 문화라는 것을 판단하는 기준을 갖고 있을 것이고, 따라서 내가 '문화'라고 부르는 것이 어떤 것인지를 알 수 있을 거야. 그러면 당연히 아래에서 위로 지배할 곳과 위에서 아래로 지배할 곳을 나누는 선을 어디에 그어야 하는지도 알게 되어 있어."

늙은 철학자는 약간 격앙된 것 같았다. 그는 가던 걸음을 멈추고 우리 둘이 직전에 사격 연습을 할 때 표적으로 삼았던 죽은 나무등치 옆에서 일장 훈시를 늘어놓았다. 그래서 우리는 그에게 함께 조금만 더 걷자고 부탁했다. 우리들 사이에 한동안 말이 없었다. 우리는 생각에 잠겨 천천히 이리저리 걸었다. 우리는 바보 같은 주장을 하면서도 수치심을 느끼기보다는 인격의 회복 같은 것을 느꼈다. 철학자가 아첨하는 내용이 아닌 연설을 한 뒤, 우리는 그가 훨씬 더 가까이 다가오는 것을 느꼈다. 나의 경우에는 어떤 개인적인 연결까지 느껴졌다고 할 수 있다.

인간이란 것이 얼마나 형편없는 존재인지 모른다. 결점이나 약점을 갖고 있다는 신호를 보이는 사람에게 엉뚱하게도 친근감을 더 강하게 느끼게 되는 것이 인간이니 말이다. 철학자가 자제력을 잃고 우리에게 싫은 소리를 하고 있다는 사실이 그때까지 우리가 막연히 그에게 품었던 존경심 때문에 생긴 간극을 뛰어넘는 다리가 되어 주었다. 이런 관찰이 타당하지 않다고 생각하는 모든 독자들에게, 아주 멀리 느껴지던 영웅 숭배가 이 같은 다리 덕에 종종 개인적인 사랑이나 공감으로 바뀐다는 사실을 말해주고 싶다. 우리의 인격이 복구되는 것을 느꼈을 때, 이 공감이 더욱 더 두드러지기 시작했다. 우리가 밤에 노인이 바위와 나무들 사이를 휘들게 걷도록 하고 있는 이유는 무엇인가? 노철학자가 우리의 호소를 받아들였는데도, 우리가 그로부터 삶의 가르침을 조금 더 정중하게 배우는 방법을 찾지 않는 이유는 무엇인가? 우리가 철학자의 의견에 그처럼 서툰 말로 이의를 제기했던 이유는 무엇이었는가?

지금 우리는 우리의 반대 의견이 대단히 바보스럽고, 순진하고, 일관성을 결여했다는 사실을 깨달았다. 또 우리의 말 안에서 현재의 경향의 메아리가 아주 크게 울려 퍼지고 있다는 사실도 알았다. 노인이 교육과 문화 영역에서 듣기 싫어한 바로 그 소리가 우리의 말에서 들렸던 것이다. 게다가, 우리의 반대 의견도 그다지 지적이지 않았다. 우리가 철학자의 말에 반대하는 이유는 분명히 지적 영역 밖이었다. 그 같은 저항은 노철학자가 우리 같은 학생을 긍정적인 면으로 절대로 보지 않을 것이라는 본능적 두려움을 표현한 것에 지나지 않았다. 그리고 이전에 품었던 모든 생각들이 단순히 그의 견해를 부정하도록 만들었을 것이다. 그의 견해가 문화와 교육에 대한 우리의 견해를 부정하는 것처럼 보였으니 말이다. 그러나 어떤 주장의 중요성을 지극히 개인적인 것으로 받아들이는 동료들과는 가급적 언쟁을 삼가야 한다. 아니면 우리의 경우에 예의를 지키려면, 어떤 주장을 개인적인 것으로 받아들이는 사람은 자신의 주장을 펴지도 말고 또 다른 사람들의 의견에 맞서지도 말아야 한다.

그래서 우리는 철학자의 옆에 붙어서 계속 걷기만 했다. 그러면서 우리는 미안해 하고, 부끄러워하고, 자신의 모습에 실망하고, 노철학자의 의견이 옳음에 틀림없다고 생각하며 괜한 일로 노철학자의 마음을 상하게 했다는 생각을 진정으로 품었다. 그때까지 나의 친구와 내가 꿈꾸어 왔던 교육기관이 아득히 낯설게만 느껴졌다. 또 나의 친구와 내가 그때까지 그래도 요행히 위험을 잘 피해 왔다는 생각도 들었다. 우리 또한 소년 시절 이후로 김나지움이 대단히 유혹적인 교육기관으로 비치게 만드는 교육제도에 우리의 몸과 영혼을 다 희생시켰을 수도 있었으니 말이다. 그렇다면 나의 친구와 내가 김나지움을 칭송하는 사람들의 합창에 실제로 동참하지 않은 이유는 무엇일까? 아마 나의 친구와 내가 여전히 진정한 학생이었기 때문일 것이다. 말하자면, 우리 두 사람을 밀어붙이거나 붙잡으려는 손아귀로부터 뒤로 물러설 수 있었고 또 우리의 작은 섬을 향해 끊임없이 밀어닥치던 파도를, 다시 말해 평판만을 추구하던 경향을 피할 수 있었다는 뜻이다. 그런데 이제 이 작은 섬마저도 씻겨 나가기 직전의 상황에 처해 있었다.

그런저런 생각에 잠겨 있던 우리가 철학자에게 막 무슨 말인가를 하려는 순간, 그가 갑자기 우리 쪽으로 얼굴을 돌리며 한결 부드러워진 목소리로 말했다.

"하기야 젊은 자네들이 분별없고 무모하게 행동하더라도 내가 놀라야 할 이유는 전혀 없지. 내가 방금 한 말에 대해 진지하게 생각해볼 기회를 거의 갖지 못했을 테니까. 스스로 시간을 좀 가지면서, 내가 한 말을 새겨 두었다가 밤낮으로 깊이 한 번 생각해 보게나. 자네들은 지금 기로에 서 있어. 이젠 두 갈래 길이 자네들을 어디로 데려다 줄 것인지를 알게 되었잖아. 한 길을 따르면, 자네들의 시대가 쌍수를 들고 환영할 거야. 자네들은 영광이나 장식의 부족을 느끼지 않을 거야. 자네들이 가만히 있어도 엄청나게 많은 군중이 자네들을 휩쓸고 갈 거야. 자네들 앞에도 엄청나게 많은 사람들이 가고 있을 것이고, 자네들 뒤에도 똑같은 성향을 가진 사람들이 엄청나게 많이 따르게 될 거야. 앞장서서 가던 사람이 어떤 말을 던지면, 그 말은 금방 무리들 사이에 메아리를 치며 쭉 전달될 거야. 이 길로 들어설 경우에 가장 먼저 해야 하는 의무는 무리들 속에 섞여서 적과 싸우는 것이고, 두 번째 의무는 무리 속에 서기를 거부하는 사람들을 철저히 파괴하는 것이 될 거야.

"다른 길을 택할 경우에, 자네들은 방랑하는 동료들이 훨씬 더 적다는 사실을 깨닫게 된다네. 그 길은 더 가파르고 더 구불구불하고 더 힘들어. 첫 번째 길을 택한 사람들이 자네들을 조롱하고 나설 거야. 자네들이 택한 길에서 앞으로 나아가는 것이 훨씬 더 힘들고 따라서 더 더디기 때문이지. 첫 번째 길을 택한 사람들이 틀림없이 자네들에게 유혹의 손짓을 보낼 거야. 자기들 쪽으로 합류하라고. 어쨌든 두 길이 어쩌다 교차할 때마다, 자네들은 부당하게 대접받거나 밀쳐지거나 아니면 무섭게 여겨지면서 기피의 대상이 될 걸세.

"두 개의 길을 선택한 사람들은 각자 '교육기관'을 어떤 식으로 이해하고 있을까? 첫 번째 길에 서 있는 목표를 향해 나아가고 있는 엄청나게 많은 수의 사람들은 '교육기관'을 자신들의 무리에 합류할 자격을 부여하는 기관으로 여기고 있어. 그러면서 자기들보다 더 높거나 더 먼 목표를 추구하는 사람이 있으면 가차없이 잘라내는 것을 교육기관의 의

무라고 보고 있어. 물론, 이 사람들은 자신들의 목표를 묘사하는 데 장엄한 단어들을 이용하는 방법을 잘 알고 있어. 예를 들어, 그들은 '국민이 모두 공유하는 인간적인 원칙들 안에서 개인의 인격을 보편적으로 발달시키려는 노력'에 대해 말할 거야. 그렇지 않으면 그 목표를 '이성과 문화와 정의를 바탕으로 공화국의 토대를 닦는 노력'으로 묘사할 거야.

"두 번째 길을 택한 소수의 사람들에게, 교육기관은 이와 완전히 다른 곳이야. 이 집단에 속한 사람들은 첫 번째 집단의 군중을 막아줄 보루의 역할을 할 단단한 구조를 원하지. 첫 번째 집단의 군중이 두 번째 집단의 사람들을 압도하면서 그들을 자신들의 동료들로부터 떼어놓길 원하기 때문이야. 두 번째 집단의 사람들은 각 개인이 때 이른 심신 고갈이나 주의 산만, 파멸 등으로 인해 자신의 숭고하고 장엄한 임무를 제대로 보지 못하는 일이 일어나지 않게 막아줄 무엇인가를 원하고 있어. 이 개인들에겐, 공동 교육기관의 역할은 개인이 각자의 작품을 완성하도록 돕는 것이라네. 그런데 이 작품은 말하자면 이기심의 흔적을 전혀 보이지 않을 만큼 순수하고, 항상 변하기 마련인 시대의 무상함을 뛰어넘고, 사물의 영원한 본질을 그대로 반영하게 되어 있다네. 그러기에 이 기관 안의 개인들도 이기심으로부터 초연한 상태에서 천재가 탄생하고 또 천재가 작품을 창조할 길을 닦아주려고 최대한 노력해야 하네. 그런 식으로 천재를 떠받치는 역할에 적합한 사람들은 많을 거야. 재능이 이류나 삼류인 사람들 사이에도 그런 사람들이 많아. 이 사람들은 이런 진정한 교육기관에서 일할 때에만 인생의 의무를 충실히 완수하고 있다는 느낌을 받을 거야.

"그러나 오늘날엔 유행을 좇는 '문화'가 그런 재능을 가진 사람들이 진정한 길에서 벗어나 자신의 직관과 단절된 채 떠돌도록 끊임없이 유혹하고 있어. 이 유혹은 재능을 가진 사람들의 자기중심적인 충동과 약점, 허영심을 공격해. 시대정신은 그들의 귀에 대고 이렇게 속삭이고 있어. '나를 따라라! 그대가 지금 걷고 있는 그 길에서 그대는 보다 높은 천성을 타고난 사람들에게 가려져 지내는 하인이고 보조자이고 도구이며, 그대 자신의 개성을 절대로 자유롭게 발휘하지 못해. 그대는 어딜 가나 끈에 매달린 꼭두각시처럼 움직이게 될 것이고 노예나 기계처럼 사슬에 묶여 지내야 한단 말이야! 나와 함께 이 길을 가면, 그대는 개성을 완전히 발휘할 수 있어. 그대의 재능은 본래의 모습 그대로 온전히 빛을 발할 것이고, 그러면 그대는 일류가 되는 거야. 엄청난 군중이 추종자가 되어 그대를 둘러쌀 것이고, 여론의 함성은 높은 곳의 천재가 보내는 찬사의 칭송보다 훨씬 더 큰 보람을 안겨줄 거야. 일단 귀족주의적이지 않아서 좋잖아!' 오늘날 가장 우수한 사람들까지도 이런 유혹에 넘어가고 있어. 솔직히 말하자면, 중요한 것은 사람이 실제로 가진 재능이나 이런 목소리에 대한 감수성이 아니라 어떤 도덕적 고상함이야. 용기와 자기희생의 어떤 본능 같은 것이 중요하다는 뜻이야. 최종적으로, 적절한 교육을 통해 배양된, 문화에 대한 기본적인 욕구가 가장 중요해. 앞에서 이미 언급한 바와 같이, 적절한 교육은 무엇보다 먼저 천재의 훈련에 복종하고 순종해야 하는 거야. 그런 길을 통해서 문화에 대한 욕구가 일종의 도덕적 필요조건으로 성숙하게 되어 있어.

"하지만 우리 시대의 소위 '교육기관들'은 특히 이 훈련과 순종에 대해 아무것도 몰라. 김나지움이 원래 진정한 교육을 촉진하거나 적어도 학생들이 그런 교육을 받을 준비를 갖추도록 하게 되어 있다는 데 대해서는 나도 전혀 의심을 하지 않아. 또 대단히 인상 깊었던 종교개혁의 시대엔 김나지움이 그런 길을 따라 정말로 대담하게 첫발을 내디뎠어. 괴테와 실러의 시대에도, 문화에 대한 욕구가 점점 커졌던 적이 있었어. 플라톤이 『파이드로스』(Phaedrus)에서 말한 날개가 최초로 시작될 때처럼, 그 당시의 문화적 욕구는 아름다움을 접할 때마다 영혼을 점점 더 높이, 보다 순수한 사물들의 형상의 영역으로 끌어 올렸지."

철학자의 젊은 동료가 다소 고무되어 큰소리로 말을 하기 시작했다. "선생님께서 신성한 플라톤과 이데아의 세계에 대해 말씀하시는 것을 보니, 제가 앞서 한 말로 선생님을 화나게 만들고 실망시켜 드리긴 했지만 선생님께선 저에게 정말로 화를 내신 게 아니라는 생각이 듭니다. 선생님께서 말씀을 시작하시자마자, 저는 제 내면에서 플라톤의 날개가 꿈틀거리는 것을 느꼈습니다. 그러다가도 선생님께서 침묵을 지키기만 하면, 제 영혼의 마부인 저는 역시 플라톤이 묘사한, 저항하고 난폭하고 제멋대로 구는 말을 다루는 데 어려움을 겪습니다. 짧고 굵은 목, 넓적한 얼굴, 시커먼 피부, 핏발이 선 회색 눈, 시뻘건 얼굴색의 볼품없는 동물이 언제나 말썽을 일으키고 채찍이나 박차에 좀처럼 순종하지 않아요.

"또 제가 선생님과 떨어져서 지낸지가 꽤 오래 되었다는 사실을, 그 사이에 저도 선생님께서 묘사한 온갖 유혹의 표적이 되었다는 사실을 감안해 주시길 바랍니다. 저는 그런 유혹을 깨닫지 못했을 수 있지만, 그 사람들이 저를 유혹하는 데 완전히 실패한 것도 아닐 것입니다. 저는 지금 진정한 문화를 추구하는 소수의 사람들 사이에서 살아갈 수 있게 할 어떤 기관을 갖는 것이 아주 중요하다는 사실을 그 어느 때보다 더 분명하게 이해할 수 있습니다. 그런 인물들을 우리의 리더와 길잡이 별로 둘 수 있게 하는 그런 기관 말입니다. 외롭게 홀로 방황한다는 것이 얼마나 힘든 일인지! 제가 선생님께 말씀드린 그대로, 저 자신이 이 시대의 부산한 정신과 직접적 접촉을 피해 달아날 수 있다고 생각했을 때, 그 도피는 진짜 도피가 아니었어요. 현재의 분위기는 무수히 많은 모세관을 통해 우리의 정신 속으로 지속적으로 스며들고 있어요. 호흡마다 그 분위기가 우리에게로 들어오지요. 어떠한 고독도 이 시대의 구름과 안개가 닿지 않을 만큼 멀지 않으며 또 홀로이지 않아요. 소위 문화의 이미지들이 변장을 끊임없이 바꿔가면서, 말하자면 회의(懷疑)나 이익, 희망, 미덕의 탈을 쓰고 우리 주변을 살금살금 돌아다니고 있지요. 심지어 문화의 진정한 파수꾼인 선생님과 함께 있는 여기서도 이 야바위꾼은 우리를 엉뚱한 길로 안내하는 힘을 발휘합니다. 거의 사이비 종파라 불릴 만한 그 문화의 추종자들 중 일부는 얼마나 끈질기고 확고하고 독실한지 몰라요. 그들은 서로를 응원하고 강화하고 있어요. 그러나 언제나 조심해야 합니다. 이 문화 안에서 실수에 대한 비판이 얼마나 가혹한지 모릅니다. 그랬다가도 대단한 동정심을 발휘하면서 언제 그랬냐는 듯이 실수를 곧잘 망각해 버리지요. 선생님께서 저를 바른 길로 올려놓기 위해 그렇게 신경을 써주시다니, 저를 용서해주시길 바랍니다."

"친구야, 자네는 내가 싫어하는 말투를 쓰고 있어." 철학자가 대답했다. "무슨 비밀 종교 집회 같잖아. 그런 것에는 전혀 관심이 없어. 하지만 자네를 힘들게 한다는 플라톤의 말(馬)이 나를 즐겁게 하네. 그 말 때문에 자네를 용서하지 않을 수 없네. 나의 젖먹이 양과 자네의 말을 바꾸고 싶네.

"하지만 나는 지금 자네들과 함께 추운 밤에 더 이상 걷고 싶지 않아. 내가 기다리는 친구는 아마 자정에나 나타나려나 보네. 어쨌든 오기로 약속했으니까. 지금까지 우리 둘이 사전에 합의한 신호를 기다렸는데 허사였어. 그가 이렇게 늦는 이유를 도무지 모르겠네. 그는 언제나 약속에 철저했거든. 나 같은 늙은이들은 언제나 그래. 자네들 같은 젊은이들은 그런 식의 시간관념을 고리타분하다고 비웃지. 하지만 오늘은 그가 나를 난처하게 만드네. 할 수 없지! 자, 이제 내려가도록 하게나."

바로 그때, 무슨 일인가 일어났다.

# 5강

---

지금까지 어느 노철학자가 밤의 고요 속에서 다소 흥분된 상
태에서 한 말에 대해 어느 정도 공감했다면, 이 강연 마지막
부분에서 묘사할 조금 언짢은 결론도 나의 친구와 나에게 그
랬던 것과 똑같이 여러분에게도 충격으로 다가올 것임에 분
명하다. 철학자는 갑자기 그 자리를 떠나고 싶다고 선언했
다. 그의 친구가 약속 장소에 오랫동안 나타나지 않았으며,
우리 두 사람과 그의 동료가 친구 대신에 그에게 해 줄 수 있
었던 것은 특별히 그의 기운을 돋우는 것이 아니었다. 기껏
노철학자가 산등성이에 필요 이상으로 오래 머물게 했을 뿐

이었다. 그래서 지금 철학자는 빨리 그 자리를 떠나길 원했다. 그는 하루를 헛되이 보냈다고 느끼고 있었을 것임에 분명했다. 그는 틀림없이 우리를 만났던 기억을 털어버리고 하루를 마무리하고 싶어 했을 것이다. 그러기에 그는 우리의 뜻과 반대로 내려갈 시간이 됐다는 뜻을 굽히지 않았다. 그런데 바로 그때, 예상치 않은 일이 그의 발걸음을 멈추게 했다. 그는 산을 내려가려고 떼었던 발을 도로 내려놓으며 멈칫했다.

라인강 쪽에서 화려한 불빛이 보이고, 큰 함성이 들려오다가 금방 잦아들었다. 이어 멀리서 느린 가락의 멜로디가 들려왔다. 여러 사람의 합창이었다. "친구의 신호야!"라고 철학자가 외쳤다. "마침내 친구가 오고 있어. 기다린 게 헛되진 않았네! 한밤의 만남이 되겠군. … 그런데 내가 지금도 여기 있다는 걸 어떻게 알리지? 어이, 젊은 사격 선수들, 진짜 실력을 발휘할 기회가 왔네! 저 멜로디가 들리지? 잘 듣고 그걸 총으로 따라하면 돼!"

그거야말로 우리 적성에 딱 맞는 임무였으며, 우리가 실제로 잘할 수 있는 일이지 않은가! 나의 친구와 나는 재빨리 총알을 장전한 다음에 짧게 의논한 뒤 별이 반짝이는 산봉우리를 향해 권총을 겨누었다. 그 사이에 계곡에서 대기를 가르며 메아리가 울리다가 사라져갔다. 하나, 둘, 셋, 우리의 총성이 밤하늘을 찢었다. 그러자 철학자가 소리를 쳤다. "리듬이 틀렸어!" 나의 친구와 나는 임무를 제대로 완수하지 못했다. 우리가 쏜 세 번째와 네 번째, 다섯 번째 총성이 향한 방향에서 별똥별 하나가 떨어지고 있었다.

"리듬이 틀렸다니까!" 철학자가 큰소리로 나무랐다. "누가 별똥별 쪽으로 총을 쏘라고 했어? 별똥별은 너희들이 없어도 홀로 완벽하게 떨어질 수 있어! 무기를 다루려면, 먼저 그걸로 뭘 하려고 하는지부터 알아야 해."

바로 그때, 라인강 쪽에서 멜로디가 다시 들려왔다. 이번에는 소리가 더 컸다. 더 많은 목소리가 합창을 한 것이었다. "어쨌든 저 사람들이 이해를 했어요." 나의 친구가 웃으며 말했다. "하지만 너무나 밝은 유령이 사거리(射距離) 안에 나타났는데 어떻게 총을 쏘지 않을 수 있어요?"

"조용!" 철학자의 동료가 말을 가로막았다. "신호를 보내고 있는 저 무리들은 누구죠? 20명 내지 40명쯤은 될 것 같은데. 짐작에, 건장한 남자 목소립니다. 저 사람들은 어디서 노래를 부르고 있죠? 라인 강변인 것 같은데, 그렇다면 우리 쪽에서 볼 수 있어야 하거든요. 이리 와 보세요, 빨리요!"

그때 우리는 죽은 거대한 나무 근처의 빈터를 걷고 있었으며, 그래서 라인강 방향의 시야를 높고 울창한 숲이 가리고 있었다. 그럼에도 내가 앞에서 언급한 바와 같이 우리는 그리 멀리 떨어지지 않은 지점에 있는 자그마한 빈터로 가면 나무 꼭대기 사이로 라인강을 내려다볼 수 있다는 사실을 알고 있었다. 라인강이 두 팔로 노넨베르트 섬을 껴안은 채 타원형 액자 안에 담긴 듯 그렇게 누워 있었다. 우리는 늙은 철학자를 최대한 배려하면서 고요한 그곳으로 서둘렀다. 숲속은 칠흑같은 어둠이었다. 우리는 철학자를 양쪽에서 부축하면서 보이지 않는 길을 대충 짐작하면서 이동했다.

우리 일행이 빈터의 벤치에 도착한 순간, 크고 흐린 불빛이 이동하는 것이 보였다. 라인강 건너편인 것이 분명했다. "횃불이다!"라고 내가 외쳤다. "틀림없이 저 사람들은 본에서 온 저희의 동료들이에요. 선생님의 친구 분도 저 틈에 계실 것임에 틀림없어요. 선생님의 친구 분을 동행하면서 노래를 부르고 있는 사람들이 저의 친구들입니다. 들어보세요! 지금 보트에 오르고 있어요. 횃불 행렬은 반시간 지나면 여기 도착할 겁니다."

철학자가 벤치에 등을 기댔다. "무슨 소린가?" 그가 큰 소리로 말했다. "본에서 온 학생들의 친구들, 그러니까 나의 친구가 그 학생들과 같이 여길 온단 말인가?"

격노에 가까웠던 이 질문이 나의 친구와 나를 화나게 만들었다. "학생들을 싫어할 이유라도 있으십니까?" 우리가 되물었다. 그러나 대답은 없었다. 조금 시간이 지난 뒤 철학자가 다시 느릿느릿, 불만스런 목소리로 말을 하기 시작했다.

아직 거기 도착하지 않은 친구에게 말하듯이. "친구야, 그렇다면 한밤에 외로운 산에서도 우리는 홀로가 아니라는 말이로군. 그대가 말썽꾸러기 학생들 무리를 이 높은 곳까지 데리고 왔으니 말이네. 내가 그런 일을 피하길 원한다는 사실을 잘 알면서도. 친구야, 이게 무슨 뜻이지? 나는 이해하지 못하겠어. 오랜만에 여기서, 이 외진 곳에서, 특별한 시간에 만나기로 해놓고는. 이 만남이 그대에겐 아무런 의미가 없다는 뜻인가? 우리한테 목격자들의 합창이, 그런 목격자들이 필요한 이유가 뭐야? 감상적이거나 관대해지고 싶은 욕구가 있어서 오늘 우리가 만나는 것은 전혀 아닌데. 우리 두 사람은 오래 전부터 고귀하게 고립된 채 홀로 사는 방법을 배웠잖은가. 우리가 여기서 만나기로 한 것은 우리 자신만을 위한 일이 아니었고, 부드러운 감정 같은 것을 키울 목적도 아니었고, 과장된 우정의 장면을 연출하려는 것도 아니었어. 언젠가 중대한 시기에 내가 경건한 고독 속에서 그대를 만난 여기서, 그런 일은 절대로 일어나선 안 되지. 우리는 새로운 기사단의 기사(騎士)들처럼 대단히 진지한 조언을 서로 나눌 생각이었는데. 우리를 이해하는 사람들이야 우리의 대화를 들어도 좋겠지만, 우리를 이해하지 못할 게 확실한 무리들을 데리고 오는 이유가 뭔가? 친구야, 자네답지 않은 짓을 하고 있는 것 같으네!"

기분이 나빠져 있는 철학자를 건드리는 것은 바람직하지 않다는 느낌이 들었다. 철학자가 음울한 침묵에 빠져 있을 때, 나의 친구와 나는 그가 학생들을 그처럼 못마땅해 하는 것이 우리의 기분을 크게 상하게 했다는 뜻을 전할 용기가 나지 않았다.

마침내 철학자의 동료가 철학자 쪽으로 몸을 돌리며 말했다. "제가 선생님을 만나기 전에 선생님께서 여러 대학에서 지내셨다고 들었습니다. 선생님의 강의 방식과 학생들과의 교류 방식에 관한 이야기는 지금도 회자되고 있어요. 하지만 선생님께서 방금 학생들에 대해 말씀하시면서 보인 거부 반응을 근거로 본다면, 대학에서의 경험이 이상하고 당황스러

웠던 것임에 틀림없다는 생각이 듭니다. 선생님께서는 거기서 다른 사람들이 보고 들은 것을 그대로 경험하시면서 그에 대한 판단을 정확히, 그리고 아주 엄격하게 하신 것 같다는 느낌이 듭니다. 저는 선생님과 함께 보내는 시간을 통해서 이런 가르침을 자주 받았습니다. 인생에서 가장 두드러지고 가장 교훈적이고 또 가장 결정적인 경험은 일상의 경험이라는 가르침을, 그리고 가장 중요한 수수께끼가 모든 사람들의 눈앞에 떡하니 놓여 있는데도 그걸 중요한 문제로 여기는 사람이 거의 없다는 가르침을 말입니다. 이런 문제들은 아직 건드려지지 않은 채 그대로 남아 있습니다. 말하자면, 대로를 활보하는 군중들의 발길에 차여 길가에 널브러져 있지요. 그 문제들은 극소수의 진정한 철학자들의 몫입니다. 이 철학자들이 그 문제들을 조심스럽게 집어 들고 다듬어 소중한 지혜의 보석으로 빛나도록 높이 쳐들어야 하지요.

　"선생님의 친구가 도착하기 전에, 선생님께서 대학 세계에서 배우신 것에 대한 이야기를 간단히 해주실 수 없을까요?

그러면 교육기관에 관한 논의와 저희들의 관찰이 더욱 완벽해질 수 있을 것 같아요. 선생님께서 오늘 밤 대화를 시작하실 때 대학의 경험에 대한 이야기를 들려주겠다고 약속하셨어요. 김나지움의 특별한 중요성을 확인하는 것으로 대화를 시작했을 뿐이지요. 다른 모든 교육기관도 김나지움의 수준에 좌우되기 마련이라는 뜻에서 그러셨습니다. 그래서 김나지움이 길을 잃게 되면 다른 모든 기관들도 마찬가지로 비틀거리게 된다고 하셨어요. 그렇다면 현재의 모델에서 대학이 제도의 중심을 이룬다고 말할 수 없지요. 적어도 한 가지 중요한 관점에서 보면, 대학들은 단순히 김나지움의 확장에 지나지 않습니다. 선생님께선 나중에 이 주장에 대해 상세하게 설명해주실 것이라고 말씀하셨어요. 아마 여기 있는 학생들이 증인이 될 수 있을 겁니다. 이 학생들이 우리의 대화를 들었다면 말입니다."

"맞아요, 저희들도 들었어요."라고 내가 말했다.

그러자 철학자가 우리 쪽으로 몸을 돌렸다. "학생들이 정말로 그렇게 가까이서 들었다면, 나의 말을 다 듣고도 오늘날 김나지움의 임무에 대해 의견을 제시하지 않는 이유가 뭐지? 게다가, 학생들은 지금 본인의 경험과 인상을 바탕으로 나의 생각에 대해 판단을 내릴 수 있는 위치에 있잖아."

그러자 급한 성격인 나의 친구가 이런 식으로 대답했다. "지금까지 저희들은 김나지움의 목적은 학생들에게 대학 진학을 준비시키는 곳이라고 믿어왔습니다. 이 준비 과정을 거치면 학생들은 대학생으로서 특별한 자유를 누릴 수 있을 만큼 충분히 독립적인 존재가 됩니다. 왜냐하면 오늘날 삶의 어떤 영역에서도 학생이 누리는 것만큼 선택과 행동의 자유가 폭넓게 주어지지 않기 때문이지요. 학생은 자기 앞에 활짝 펼쳐지는 평원을 가로지르면서 몇 년 동안 스스로 가이드가 되어야 합니다. 그렇다면 김나지움은 학생을 독립적이고 자립적인 존재로 성장시켜야 합니다."

친구의 말을 내가 이었다. "제가 볼 때엔, 선생님께서 김나지움을 비판하신 내용 모두가 사실 학생의 내면에 독립심 같은 것을 길러주는 데에, 아니면 적어도 학생이 스스로 독립적인 존재라는 믿음을 갖게 하는 데에 필요하다고 생각됩니다. 그런 것이 선생님께서 앞에서 말씀하신 그 독일어 에세이의 목표입니다. 개인은 자신의 목표와 자신만의 관점을 갖는 것에서 기쁨을 느끼는 법을 배워야 하니까요. 그래야만 개인이 나중에 목발 없이 홀로 걸을 수 있게 됩니다. 개인이 아주 일찍부터 작품을 쓰도록 하고, 그보다 더 일찍부터 예리한 판단을 내리도록 하는 이유가 거기에 있습니다. 비록 라틴어와 그리스어가 학생들의 내면에 먼 고대에 대한 열정을 불러일으키지 못한다 하더라도, 적어도 현행 교육 방법은 학문을 한다는 느낌을, 지식의 보다 엄격한 인과관계에 대한 욕망을, 뭔가 새로운 것을 발견하고 싶다는 열정을 일깨웁니다. 김나지움에서 새로운 방식의 독서법에 눈뜨면서 학구적인 공부에 영원히 매료되는 학생들이 얼마나 많은지 모릅니다. 김나지움 학생들은 온갖 종류의 공부를 다 하고, 온갖 종류의 지식을 다 습득해야 합니다. 그러다 보면 조금씩 학생의 내면에 대학에서 하는 방식과 똑같은 방법으로 스스로 공부를 하고 지식을 습득하고 싶은 욕구가 생길 것입니다. 달리 말하면, 김나지움의 임무는 저희들이 볼 때 학생들이 독립적으로 살며 공부하도록 준비시키는 데에 있습니다. 김나지움 학생들은 강제적으로 그런 식으로 살며 공부하고 있습니다."

　노철학자는 이 말에 빙긋이 웃었지만 썩 마음에 들어 하는 눈치는 아니었다. "조금 전에 학생들이 여기서 독립심의 예를 보여주었어! 나에게 너무나 큰 충격으로 다가오는 것이 바로 그런 독립심이야. 요즘 학생들 가까이에 있으면 불쾌해지는 것이 바로 그 독립심 때문이야. 학생 친구들, 그래, 너희들은 완벽하게 성숙되어 있어. 자연은 너희들을 만든 다음에 아예 그 주형(鑄型)을 부숴 버렸지. 너희 선생들은 너희들을 자못 흡족한 눈으로 바라볼 것이고. 그런데 너희들의 판단이 도대체 어떤 자유와 확실성, 침착성을 보여준다는 거냐? 너희들의 통찰이 어떤 점에서 새롭고 신선하다는 거지? 너희들은 지금 심판석에 앉아 있는 것이나 마찬가지야. 너희들 앞에 모든 시대의 문화들이 놓여 있어. 너희들의 과학적 감각이 일깨워져 하나의 불꽃처럼 피어오르고 있어. 그 불꽃에 데지 않으려면, 주변 사람들이 특별히 조심해야 할 판이야. 여기서 이 문제를 더 파고들면서 너희들의 교수들을 본다면, 그들도 학생들보다 독립심이 절대로 덜하지 않을 거야. 교수들은 아마 독립을 훨씬 더 멋진 수준으로 끌어올렸을 걸. 독립심이 지금처럼 강조되었던 시대도 역사에 한 번도 없었고, 예속의 성격을 불문하고 예속에 대한 증오가 지금처럼 심했던 적도 역사에 한 번도 없었어. 당연히, 교육과 문화에서의 예속도 예외가 아니지.

"이해해주게나. 너희들이 말하는 독립심을 나의 기준으로, 말하자면 진정한 교육과 문화를 기준으로 판단하더라도 말이네. 너희들의 대학교가 어느 정도 진정한 교육과 문화의 기준에 부합하는지 보도록 하자. 독일의 대학 제도에 대해 깊이 알기를 원하는 외국인이 가장 먼저 던지는 질문은

이거야. 당신 나라의 학생들은 대학교와 어떤 식으로 연결됩니까? 이 질문에 독일인은 '귀를 통해서'라고 대답해. 당연히 외국인은 놀라면서 다시 물어. 순전히 듣는 것만으로요? 그러면 독일인은 다시 '순전히 듣는 것만으로'라고 대답해. 학생은 강의실을 찾아. 학생이 말하거나 보거나 걷거나 다른 동료들과 함께 시간을 보내거나 작품 활동을 하는 한, 다시 말해 학생이 살고 호흡하는 한, 그는 독립적이라고 할 수 있어. 말하자면 교육기관에 의존하지 않는다는 뜻이야. 지금은 학생들이 강의를 들으면서 내용을 기록하는 경우가 자주 있어. 그때가 바로 학생이 일종의 탯줄 같은 것으로 대학교와 연결되는 순간이야. 학생은 자신이 듣고 싶은 것을 선택할 수 있으며 또 자신이 들은 것을 반드시 다 믿을 필요도 없어. 학생은 전혀 듣고 싶지 않으면 귀를 막아버리면 돼. 이것이 '구두 강의법'(acroamatic)이라는 거야.

"그러면 선생은 귀를 기울이는 학생들에게만 말을 해. 그 외에 선생이 생각하거나 행동하는 다른 것들은 엄청나게 깊은 단절에 의해 차단된 가운데 학생들에게 접근 불가능한 상태로 남게 돼. 말을 하고 있는 선생들을 보면 종종 글을 읽고 있어. 대체로 선생은 최대한 많은 학생들이 자신의 강의를 듣기를 원해. 필요하다면 극소수의 학생 앞에서도 가르치지만 학생 한 명을 놓고 가르치는 예는 거의 없어. 말을 하는 하나의 입과 그 말을 듣는 다수의 귀, 그리고 그 귀 숫자의 반 정도 되는 필기하는 손이 외국인이 보는 독일의 교육제도야. 대학이라는 교육 기계가 작동하고 있는 것이나 마찬가지라네. 그리고 이 입의 소유자는 많은 귀의 소유자들과 동떨어져 있고 또 독립되어 있어.

"이 이중의 독립이 '학문의 자유'라는 이름으로 미화되고 있어. 그것도 모자라 더 큰 자유를 누리기 위해서, 대학교 안에서 어떤 사람은 자신이 원하는 것이면 무엇이든 말할 수 있고 또 어떤 사람은 자신이 원하는 것만을 들을 수 있어. 그런 가운데 국가는 말하는 사람이나 듣는 사람의 뒤에 일정한 거리를 두고 서서 감시의 눈길로 지켜보면서, 대학 안에서 말하고 듣는 이 모든 이상한 과정의 목적과 핵심은 국가라는 점을 은연중에 상기시키고 있어.

"이 같은 놀라운 과정만을 교육으로 여기도록 허용 받은 우리는 궁금해 하는 외국인에게 독일의 대학교가 '교육'과 '문화'라고 부르는 것들은 모두 입에서 귀로 전달된다고, 말하자면 모든 교육은 구두로만 하는 강의로 이뤄진다고 알려줄 거야. 그러나 듣는 것도, 심지어 들을 것을 선택하는 것까지도 독립 지향적인 학생의 개인적 판단의 문제이기 때문에, 그리고 학생이 자신이 듣는 것을 믿기를 거부할 수 있기 때문에, 엄격히 말해 교육 과정은 순전히 학생의 손에 맡겨져 있다고 볼 수 있어. 김나지움이 배양하려고 고무했던 독립심이 지금 거만하게 굴면서 '독립적이고 보다 고차원적인 교육' 행세를 하고 있어.

"아, 젊은이들이 스스로 걷는 방법을 배울 수 있을 만큼 똑똑하고 교양 있는 행복한 시대여! 다른 시대들은 독립심이라는 망상에 완강히 맞서면서 의존과 훈련, 종속과 복종을 촉진하는 것이 교육에 중요하다는 것을 믿었는데도, 유독 학생들의 독립심을 배양하겠다고 나서는 신기한 김나지움들이여! 선량한 나의 학생 친구들이여, 내가 교육의 관점에서 오늘날의 대학교들을 단지 김나지움의 연장에 지나지 않는다고 보는 이유를 이제 알겠는가? 김나지움 교육은 젊은이들의 내면에 체화되어 완벽하고 완전한 무엇인가가 되어 야심적인 요구사항을 간직한 채 대학교 정문을 통해 성큼성큼 걸어 들어오고 있어. 그런 다음에, 젊은이들에게 체화된 김나지움 교육은 대학에 요구사항을 제시하고, 규정을 만들고, 심판석에 앉아. 그러니 김나지움을 졸업한 사람이라고 해서 그 사람의 속까지 그럴 것이라고 쉽게 믿지 않도록 해. 김나지움 졸업자는 자신이 교육의 축복을 받았다고 믿고 있을지 몰라도 선생의 손에 다듬어진 학생 그대로일 거야. 그 학생은 김나지움을 떠난 이후로 학문적 고립에 빠진 채 영원히 자유롭게 자신의 방식대로, 추가적인 인격 형성과 지도의 과정에서 벗어난 가운데 살아가게 될 거야.

"자유롭다고! 인간 본성의 전문가들인 너희들이 이 자유를 한 번 테스트 해 봐! 허물어지는 토대 위에 세워진 자유, 오늘날의 김나지움 교육이라는 약해빠진 토양 위에 세워진 자유, 그런 자유는 구부정한 자세로 서 있게 마련이야. 어쩌다 한 줄기 바람이 훅 불어도 곧잘 흔들려. 이 자유로운 학생을, 말하자면 독립적인 고등교육의 선구자를 유심히 살펴 봐! 그의 본능을 바탕으로 그를 예측하고, 그의 욕구를 바탕으로 그를 알도록 노력해 보라고! 다음과 같은 3가지 잣대로 측정하면 자네들은 그 학생의 교육에 대해 뭐라고 생각할 것 같은가? 철학에 대한 욕구, 예술에 대한 직관, 마지막으로 고대 그리스와 로마의 기준이 그 잣대들이야. 이런 것들이야말로 모든 진정한 문화가 갖춰야 할 요소가 아닐까?

"오늘날 사람들은 심각하고 어려운 문제들에 포위된 상태에서 살고 있어. 그렇기 때문에 그 문제들을 제대로 보기만 해도 누구나 재빨리 철학적 경이에 눈을 뜨게 되어 있어. 보다 깊고 고귀한 교육은 철학적 경험이 이뤄지는 그런 비옥한 토양에서만 성장할 수 있어. 사람이 그런 문제들을 직시하게 만드는 것이 그 사람만의 개인적 경험인 경우가 종종 있어. 특히 가슴이 뜨거운 젊은 시절에, 거의 모든 개인적 사건은 이중으로 각인되게 마련이야. 일상의 사소한 사건으로 기억됨과 동시에 어떤 대답을 요구하는 영원하고 신비로운 문제의 예시 같은 것으로도 기억된다는 뜻이야. 자신의 경험이 특별히 형이상학적 무지개를 후광으로 두르고 있는 것으로 다가오는 연령대의 젊은이들에겐 안내의 손길이 그만큼 더 절실한 법이야. 젊은이들은 갑자기, 거의 본능적으로 존재의 이중적인 의미를 확신하게 되고 그러면 한때 애지중지했던 신념과 의견의 견고한 토대를 갑자기 잃게 되거든.

"인생의 길잡이가 당연히 필요하고 또 길잡이를 두는 것이 지극히 자연스러운 일인데도, 오늘날 교육 받은 젊은이가 누리게 되어 있는 독립심이 삶의 길에 안내를 받는 데 완강히 반대하고 있어. 너무도 '자명한' 것들의 무릎에 서둘러 안겨버린 '현대'의 젊은이들은 삶의 안내를 받고 싶은 욕구를 극구 억누르고 짓밟거나 다른 곳으로 돌리거나 변형시키고 있어. 젊은이들이 자연스런 철학적 충동을 억지로 마비시키기 위해 즐겨 사용하는 방법이 소위 '역사적 교육'이라는 방법이야. 최근에 세계적으로 수치스런 명성을 누리게 된 어느 철학 체계(헤겔의 역사주의를 일컫는다/옮긴이)는 그런 식으로 철학의 자멸을 부를 공식을 발견했어. 그리고 지금은 사물들에 대한 역사적 고려에서 불합리한 것을 '이성과 조화를 이루는 것'으로 입증하거나 검정색 중에서 가장 검은 것을 '흰색'이라고 부르는 등 무모할 만큼 순진함을 보이고 있기 때문에 헤겔의 말을 패러디해 이런 식으로 묻고 싶은 유혹까지 느낀다네. '이 모든 비합리적인 것들은 실재하는가?' 아니, 오늘날 '실재'하는 것처럼 보이는, 말하자면 실제로 무엇인가를 하고 있는 것처럼 보이는 것은 비합리적인 것들 뿐이니 하는 말이네. 역사를 설명하기 위해 이런 종류의 '실재성'을 제시하는 것이 진정한 '역사적 교육'으로 여겨지고 있어. 이 시대의 철학적 직관은 그런 식으로 생각하게 맞쳐져 있어. 그리고 대학의 특이한 철학자들은 이 같은 분위기에 편승하면서 젊은 학자들이 그런 관점을 채택하도록 격려하고 있어.

"역사적 고려는 실제로 보면 문헌학적 고려인데, 이 같은 고려가 영원한 문제들에 대한 심오한 탐구를 서서히, 그러나 확실히 대체하고 있어. 오늘날 문제가 되고 있는 것은 이런 것들이야. 이 철학자 혹은 저 철학자는 무슨 생각을 했거나 생각을 하지 않았는가? 그리고 이 텍스트 또는 저 텍스트는 정확히 그 사람의 것인가 아니면 그 사람의 것이 아닌가? 심지어 이런 문제도 제기되고 있어. 어떤 고전적 텍스트의 이 변형 혹은 저 변형은 다른 변형보다 더 나은가? 요즘 대학교 철학 강의를 듣는 학생들은 그런 '거세된' 철학에 빠져들라는 식으로 격려를 받고 있지만, 나는 오래 전부터 그런 학문을 문헌학의 한 갈래로 보고 있으며 훌륭한 문헌학자인지 여부를 기준으로 그들을 평가하고 있어. 그 결과, 철학 자체가 대학으로부터 완전히 추방당하고 있어. 이것으로, 대학의 문화적 가치에 대한 첫 번째 질문에 대한 대답이 되었을 것으로 아네.

 "대학이 예술과의 관계에서 어떤 태도를 취하는가 하는 문제에 대해 말하자면, 수치심을 느끼지 않고는 진실을 밝힐 수 없을 정도야. 대학과 예술은 전혀 아무런 관계가 없어. 예술적 사고와 학습, 노력, 비교 분석 같은 것은 대학에서 흔적조차 발견되지 않아. 대학이 나서서 중요한 국가적 예술 프로젝트를 향상시키기 위해 목소리를 높여야 한다는 식으로 아무도 진지하게 주장하지 않아. 개별 교수가 개인적으로 예술적 취향을 갖거나, 미학에 관심이 많은 문학 역사학자들을 위한 교수 자리가 있을 수 있지만, 그건 별로 중요하지 않아. 왜냐하면 그런 것이 가능하더라도 대학이 대체로 젊은이들에게 엄격한 예술적 훈련을 시키지 않고 또 훈련을 시키지 못한다는 사실은 엄연한 현실로 그대로 남을 거니까. 대학은 모든 걸 그냥 방임해 버리고 있어. 될 대로 되라는 식이야. 이는 최고 교육기관이라는 식으로 오만한 주장을 펴는 대학을 특별히 무색하게 만드는 현실이 아닐 수 없어.

"대학의 '독립적인' 학자들은 철학도 없고 예술도 없이 삶을 영위하고 있어. 그런 마당에 그 학자들이 그리스와 로마의 작가들에게 신경을 써야 할 이유가 있을까? 아무도 더 이상 고대 작가들을 존경하는 척 굴지 않아도 되니 말이네. 오늘날의 대학들은 완전히 사라져 버린 문화에 대한 존경엔 전혀 관심을 두지 않아. 어찌 보면 상당히 논리적이지. 대학들은 전적으로 문헌학적 마인드를 가진 미래 세대를 배출하기 위해 문헌학 교수를 두고 있어. 그러면 문헌학적 마인드를 가진 세대는 김나지움 학생들에게 문헌학 준비를 충실히 시키게 될 거야. 이는 문헌학자 본인에게도 이롭지 않고 김나지움에도 이롭지 않고 단지 진정한 교육기관이라는 대학의 주장이 거짓이라는 점만을 밝히는 그런 악순환에 지나지 않아. 철학과 예술과 함께, 그리스어를 배제시켜 봐. 그러면 진정한 문화로 올라가는 데 도움을 줄 사다리는 어디 있을까? 이런 것들의 도움을 받지 않고 올라가려고 노력한다면, 자네들이 갖춘 온갖 지식들이 자네들에게 날개를 달아 높이 날게 하기는커녕 오히려 어깨를 무겁게 짓누르게 될 걸세.

"만약에 자네들이 정직하게 이 세 가지 통찰을 잘 지키면서 오늘날의 학생들이 고대 그리스인에 비해서 철학을 공부할 준비가 제대로 되어 있지 않고 예술적 직관을 결여하고 있고 또 자유라는 망상을 소중히 간직하는 그런 야만인에 불과하다는 점을 인정한다면, 그러면 자네들도 혐오감에서 이 학생들을 멀리하게 되는 일은 일어나지 않을 거야. 이 학생들과 지나치게 가까이 접촉하는 것을 피하고 싶은 마음은 일어날지라도 말이네. 학생들이 그런 처지에 놓이게 된 것이 학생들 본인의 잘못이 아니거든. 학생의 형편없는 수준이 지금 비난받아야 할 사람들을 빨리 찾아내 바로 잡으라고 외치고 있어.

"자네들은 죄의식에 짓눌려 지내는 이 순진한 학생들의 비밀스런 언어를 이해할 수 있어야 해. 그래야만 학생들이 바깥 세상을 향해 보여주길 간절히 바라는 그 독립이라는 것의 본질이 어떤 것인지를 이해할 수 있을 테니까. 홀로 설 무장을 잘 갖춘 듯 보이는 이 젊은이들 중에서 혼란스럽고, 소모적이고, 약화시키는 교육의 위기를 피할 수 있었던 젊은이는 하나도 없어. 학생들은 관료와 노예들이 득시글하는 세상에서 유일하게 자유로운 인간인 듯 보이지만, 겉으로 찬란해 보이는 자유라는 망상을 얻으려고 끊임없는 회의(懷疑)와 고민을 대가로 치르고 있기 때문이야. 학생은 실제로 스스로를 이끌지 못하고 스스로를 도울 수 없다고 느끼고 있어. 그러다 학생은 어느 순간에 절망한 상태에서 배움의 울타리 밖으로, 일상의 삶으로 내동댕이쳐지고 있어. 그러면 그는 더없이 시시한 활동에 빠져 허우적거리게 되고, 그러다 보면 그의 사지는 점점 약해지다가 축 늘어지게 돼. 그러다 갑자기 그는 자신의 온 힘을 끌어모으며 물에 잠기지 않고 떠 있을 만한 힘은 남아 있구나 하고 느낄 거야. 그때쯤 그의 내면에서 당당하고 고귀한 결심 같은 것이 생기며 점점 커져갈 거야. 전문성이라는 편협한 울타리 안에 너무 일찍부터 가둬

지며 가라앉는 것이 아닌가 하는 두려움이 생기고, 그러면 강물에 휩쓸려 떠내려가지 않기 위해 어떤 버팀목이라도 붙잡고 늘어질 거야. 그런데 어쩌나, 그땐 이미 아무 소용이 없는 걸! 버팀목이 무너지든가, 아니면 그가 갈대 같은 엉뚱한 것을 잡고 버티려 들 수 있으니 말이네. 그는 비참하고 낙담한 상태에서 자신의 계획이 연기처럼 사라지는 것을 지켜보게 될 거야. 그러면 그의 처지가 역겹고 수치스럽게 보이지. 그는 과장되고 요란스런 행위와 우울하고 게으른 감정 사이를 오가는 모습을 보일 거야. 몸이 지쳐 나른해지고, 일이 무섭고, 훌륭한 모든 일을 기피하고, 자기혐오에 몸부림을 치게 될 거야. 그는 자신의 능력을 분석하며 자신의 내면을 들여다보다가 텅 빈 허공이나 혼돈을 확인하게 될 거야. 그러면 그는 높아만 보이던 엉터리 자기 지식으로부터 아래로 추락하며 곧장 깊은 회의로 빠져들게 돼. 그는 자신의 노력을 완전히 무의미한 것으로 보고 자신은 현실적이고 유익한 것이면 무엇이든 귀천을 가리지 않고 맡을 준비가 되어 있다고 선언할 거야. 이제 그는 광적일 만큼 바쁘게 움직이면서 위안을 찾을 거야. 바쁜 움직임은 사실 자신의 모습을 직시하지 않으려는 몸부림일 뿐이야. 그러면 그가 진정한 교육으로 안내할 지도자를 두지 않은 결과 겪게 된 당혹감이 그를 지도자를 두었을 경우에 누렸을 삶의 방식과는 완전히 다른 삶의 방식으로 몰이붙이는 셈이 되지. 의심과 우쭐댐, 고뇌, 희망, 절망 등. 이 모든 요소들이 그를 이리저리 패대기칠 거야. 이는 그가 자신의 배를 이끌며 이용해왔던 길잡이 별들이 모두 사라져버렸다는 사실을 보여주는 증거야.

"그 유명한 독립, 말하자면 학문의 자유란 것은 최고의 영혼들, 즉 교육과 문화에 대한 욕망을 가장 깊이 느끼고 있는 영혼들의 운명을 통해서 보면 바로 그런 것에 지나지 않아. 이 최고의 영혼들에 비하면, 무관심한 천성을 지닌 사람들은, 다시 말해 야만적인 의미의 자유에서 기쁨을 느끼는 천성의 소유자들은 전혀 중요하지 않아. 이런 천성의 소유자들은 저급한 쾌락을 즐기는 성격과 직업적 편협성 때문에 오늘날 대중이 말하는 자유와 완전히 맞아떨어지고 있어. 누가 이를 부정할 수 있으랴. 그럼에도 야만적인 의미의 자유를 누리는 사람들의 만족이 진정한 문화에 이끌렸던 단 한 사람의 젊은이가, 말하자면 삶의 안내자가 필요하다는 사실을 절실히 느꼈던 한 젊은이가 마침내 낙담한 나머지 자신을 죄고 있던 고삐를 모두 늦추고 자신을 경멸하기 시작하면서 겪는 고통보다 결코 더 중요할 수는 없어. 이 젊은이는 아무런 죄가 없는 순진무구한 사람이야. 그런 그에게 누가 홀로서기라는 견딜 수 없는 부담을 안겼는가? 보다 훌륭한 지도자에게 자신을 맡기면서 스승의 발자취를 열정적으로 따르려는 욕망이 큰 연령대의 젊은이에게 누가 독립적으로 활동하라고 강요했는가?

"스승을 찾으려는 고귀한 욕망이 그런 식으로 포악하게 짓밟힐 때 어떤 일이 일어날 것인지에 대해서는 생각만 해도 끔찍해. 얄팍하기 짝이 없는 오늘날의 사이비 문화를 가장 열정적으로 옹호하고 있는 사람들을 한번 면밀히 들여다보

라. 그러면 지금까지 논한 형편없는 교육으로 고통을 당하는 사람들이 자주 발견될 거야. 옛날에 그렇게 간절히 추구하고 싶어 했는데도 아무도 거기에 닿는 방법을 가르쳐 주지 않았던 어떤 문화에 대해, 깊은 절망감에서 격노를 표현하고 있는 것이 보일 거야. 이 사람들이 절망 앞에서 좌절을 겪으며 왜곡의 과정을 거친 뒤 훗날 저널리스트나 문학 담당 기자가 되는데, 그래도 이들은 최악의 존재도 아니고 시시한 존재도 아니야. 일부 유명한 문인들 중에도 기본적으로 절망한 학생으로 묘사할 수밖에 없는 사람들이 있어. 그렇게 보지 않고서야 한때 유명했던 '젊은 독일'(Junges Deutschland)(1830년부터 1850년까지 활동했던 일부 작가들의 집단을 일컫는다. 절대 왕정과 반계몽주의에 반대해 민주주의와 사회주의, 합리주의의 원칙을 옹호했다/옮긴이) 운동과 오늘날 이 운동의 타락한 후계자들을 어떻게 조화시킬 수 있겠는가? 여기서 우리는 문화의 어떤 욕구가 지속적으로 팽개쳐지면서 반항심을 키우다가 마침내 절규를 터뜨리고 있는 것을 확인

하고 있어. '내가 문화야! 내가 문화란 말이야!' 김나지움과 대학들의 문 앞에서, 우리는 도망자처럼 이 교육기관에서 쫓겨난 문화를 볼 수 있어. 맞아, 이 문화는 그런 교육기관의 박식을 갖추고 있지 않지만 최고 통치자의 풍모를 갖추고 있어. 예를 들어, 소설가 칼 구츠코(Karl Gutzkow)는 현대적 김나지움 출신 예술 애호가의 전형적인 예로 이해될 수 있어. 그런 식으로 격이 떨어지는 문화인은 심각한 문제야. 학계나 언론계에서 생산되는 글들이 이 같은 타락의 흔적을 보인다는 사실은 무섭기 짝이 없어. 고등교육을 받은 사람들이 끊임없이 저널리스트들의 글을 읽고 심지어 독자들의 질을 떨어뜨리려는 저널리스트들의 노력에 동참하고 있는 현실 앞에서, 우리로서는 교육 받은 사람들의 박식을 자기 자신으로부터의 도피로, 자포자기적 자기 소멸로, 그리고 교육과 문화에 대한 갈망을 미학적으로 교살(絞殺)하려는 시도로밖에 볼 수 없어. 문학 앞에서도, 또 학자들이 무분별하게 쓰는 책들 앞에서도 똑같은 탄식이 터져 나오고 있어. 어쩌다 우리 자신을 이렇게까지 망각하게 되었단 말인가! 그러나 그 같은 시도는 실패하게 되어 있어. 기억은 산더미처럼 많은 인쇄물 밑에 갇힌 상태에서도 질식해 죽기를 거부하고 종종 다시 나타나며 거듭 외치고 있어. '타락한 문화인이여! 문화를 위해 태어났으면서도 반문화적인 환경에서 자랐지! 절망적인 야만인이자 현재의 노예로, 덧없는 순간의 쇠사슬에 묶여 누워 굶주리고 있구나! 영원히 갈망에 목말라 하면서!'

"순진하면서도 비참한 사람들이지! 그들이 갖지 않은 것이 있어. 그들 모두는 그것을 결여하고 있다는 사실을 느꼈음에 틀림없어. 진정한 교육기관이 없어. 그들에게 목표와 스승, 방법, 본보기, 동료를 제공할 수 있는 그런 교육기관이 없었던 거야. 교육기관 안에서 솟아나오는 진정한 독일 정신의 숨결을 생생하게 느낄 기회가 그들에겐 전혀 없었어. 대신에 그들은 황무지를 떠돌고, 그러다 독일 정신의 적으로 전락하고 말았어. 이 독일 정신이 그들의 내면 깊이 숨어 있는 정신과 아주 비슷한데도 말이네. 그들은 자꾸만 죄의식을 쌓아가고 있어. 그 전 어느 세대와도 비교가 되지 않을 만큼 많이. 그러면서 순수한 것을 더럽히고, 신성한 것을 모독하고, 거짓이고 엉터리인 것을 신성시하고 있어. 그들을 근거로, 우리 대학들의 교육적 힘을 판단할 수 있어. 자네들도 스스로에게 진지하게 이런 질문을 던져 보게. 이런 교육기관을 통해 촉진하고 있는 것이 무엇인가? 독일의 학식이나 독창력, 지식에 대한 정직한 욕구, 어떠한 희생도 감내하려 드는 근면? 장엄하고 아름다운 것들, 다른 민족들이 부러워하는 것들 말이네. 정말로, 세상에서 가장 아름답고 장엄한 것이 바로 그런 것들이 아닌가. 그러나 그런 것들이 아름답고 장엄하려면 그것들 위로 진정한 독일 정신이 검은 구름처럼 넓게 펼쳐져 있어야 해. 그런 가운데서 독일 정신이 번개와 천둥과 함께 결실의 비를 내릴 수 있어야 하지. 그런데 사람들은 정반대로 그런 정신을 무서워하며 살고 있어. 그러다 보니 다른 종류의 구름이 대학교 주변에 무겁고 억압적인 분위기를 조성하고 있어. 이런 악영향 속에서 고귀한 젊은 학자들은 힘들게 호흡하게 되며, 그들 중 가장 우수한 사람들은 그렇게 힘들게 생활하다가 그만 사라지고 말아.

"19세기 초에, 이 안개를 걷어내고 아득히 멀리 있는 독일 정신을 보려는 노력이 전개되었어. 비극적이었지만 정직한 시도였다네. 이 일은 특별히 교훈적이야. 대학 역사에 그와 비슷한 노력이 전혀 없었기 때문이지. 또 지금 우리에게 필요한 것을 그것만큼 선명하게 보여주는 예도 없기 때문이야. 오래 전의 일이지만 아주 독창적이었던 부르셴샤프트(Burschenschaft: 19세기에 자유주의 사상과 민족주의 사상에 고무되어 조직된 독일 대학생 단체를 말한다. 지금도 그 역사가 이어지고 있다/옮긴이)라는 단체에 대한 이야기를 하려는 거야.

"이 젊은이들은 전쟁터에서 집으로 돌아올 때 뜻하지 않게 매우 소중한 전리품을 안고 왔어. 고국을 위한 자유였어. 이 월계관을 두른 젊은이들은 보다 고차원적인 무엇인가를 꿈꾸었다네. 대학으로 돌아온 젊은이는 자신이 고등 교육기관 위를 짓누르고 있는 오염된 공기를 힘들게 마시며 헐떡이고 있다는 사실을 깨달았어. 공포에 질려 눈을 부릅뜬 젊은이에게 갑자기 온갖 종류의 학문적 박식 그 밑으로 독일답지 않은 야만성이 숨어 있는 것이 보였어. 돌연 그는 자신의 동료들이 지도자를 두지 못한 상태에서 젊음의 광기에 몸을 내맡기고 있다는 사실을 깨달았어. 그래서 그는 분노했어.

"그는 실러가 동료들 앞에서 '도둑들'(The Robbers)을 암송할 때에나 지었을 법한 그런 분개의 표정을 지으며 분연히 일어났어. 실러는 이 희곡을 출간하면서 사자의 이미지와 '폭군에 맞서며'라는 문구를 내세웠지만, 다시 대학으로 돌아온 이 젊은이는 본인이 직접 사냥감을 향해 도약할 준비를 하고 있는 한 마리 사자였어. 그리고 그 앞에서 모든 '폭군'은 정말로 벌벌 떨었어. 그래, 소심하고 피상적인 관찰자들에게는 성난 이 젊은이들이 실러의 도둑들과 별로 달라 보이지 않았고, 불안한 마음으로 듣는 사람들에겐 젊은이의 연설은 고대 로마와 스파르타를 수녀원처럼 보이도록 만들었어. 이 분노한 젊은이들이 불러일으킨 충격과 두려움은 '도둑들'이 궁정 사회에 불러일으킨 그 어떤 것보다 더 널리 퍼졌어. 괴테의 보고에 따르면, 어느 독일 군주가 만약에 자신이 신인데 이 도둑들의 출현을 미리 예견했더라면 절대로 세상을 창조하지 않았을 것이라고 말했다는군.

"이처럼 터무니없는 공포를 일으킨 것은 무엇이었을까? 이들 분노한 젊은이들은 자신들의 세대 중에서 가장 용감하고, 재능 있고, 순수한 마음의 소유자들이었어. 이들은 쾌활하고 관대한 정신과 숭고하고 소박한 도덕이 돋보이는 존재들이었어. 또 의상과 품행도 남달랐고. 장엄한 서약이 그들을 하나로 묶어주었으며, 모두가 엄격하고 경건한 규율을 지켰어. 그런 그들에게 두려운 것이 있었을까? 이 젊은이들을 두려워했던 사람들이 어느 정도 자신을 속이거나 남을 속였는지, 또는 진실을 인지하고 있었는지에 대해서는 알 길이 전혀 없다네. 하지만 이 두려움과 뒤이은 탄압엔 어떤 강력한 직관이 작용했던 것만은 분명해. 부르셴샤프트는 직관적으로 증오의 대상이 되었어. 아주 뜨거운 증오였지. 거기엔 두 가지 이유가 있었다네. 하나는 부르셴샤프트를 조직한 것이 진정한 교육기관을 창조하려는 첫 번째 시도였다는 점이고, 다른 하나는 이 기관의 정신이 용감하고, 진지하고, 순수하고, 대담한 독일 정신이었다는 점이었어. 바로 종교개혁의 시대 이후로 끊어지지 않고 면면히 이어져 온, 광부의 아들 루터(Martin Luther)의 정신이었어.

"자네들에게 몇 가지 질문을 던질 테니, 부르셴샤프트의 운명에 대해 깊이 생각해 보게. 그 시대의 독일 대학교들은 그 정신을 이해했을까? 독일 군주들이 부르셴샤프트를 증오한 것을 보면, 군주들도 이 운동의 본질을 이해한 것 같은데. 대학도 용감하게 '이 젊은이들을 죽이려면 나부터 죽여라!'라고 외치면서 자신의 고귀한 후손들을 두 팔로 감싸 안으며 보호하고 나섰을까? 이 질문에 대답을 해 보게. 그 대답을 바탕으로 자네들은 독일 대학이 진정한 교육기관인지 여부를 판단할 수 있어.

"그 시대의 부르셴샤프트 학생은 교육기관이라면 뿌리를 아주 깊이 내릴 필요가 있다는 것을 알았어. 그 뿌리가 가장 순수한 도덕적 능력이 재생되고 영감을 얻는 그런 깊은 곳까지 닿아야 한다는 것을 알았다는 뜻이네. 그러면서 부르셴샤프트 학생은 자신의 책임 하에 그런 이야기를 늘 하고 다녔어. 아마 당시의 부르셴샤프트 학생은 오늘날의 '학문의 자유' 영역에서 배우지 못했을 것을 전쟁터에서 배웠을 거야. 이를테면 사람들에겐 위대한 지도자가 필요하고, 모든 교육은 복종에서 시작한다는 것을 말이네. 그래서 승리의 환호 속에서도 그 학생은 해방된 고국에 대해 생각했으며 또 독일인으로 남기로 맹세했어. 독일인으로! 이제 그 학생은 적어도 타키투스(Tacitus)를 이해했고, 칸트의 정언명령(定言命令)이란 것을 파악했으며, 카를 마리아 폰 베버(Carl Maria von Weber)의 '수금(竪琴)과 검(劍)'(Lyre and Sword)의 노래에 황홀을 느낄 수 있게 되었어. 철학의 문과 예술의 문, 심지어 고대의 문까지 그 학생 앞으로 활짝 열렸어. 그리고 독일 역사에서 가장 잔혹한 사건의 하나로 남아 있는 극작가 아우구스트 폰 코체부(August von Kotzebue) 살해 사건이 일어났어. 부르셴샤프트 학생의 깊은 본능과 근시안적인 열정이 그만 그 학생으로 하여금 우둔한 세상의 저항 때문에 너무 일찍 파괴되어 버린 실러의 원수를, 단 하나뿐인 존재인 실러의 원수를 갚도록 만들었어. 그의 지도자와 스승이 될 수 있었을 실러의 상실을 그때 부르셴샤프트 학생은 그런 식으로 진정으로 애도했던 것이지.

"부르셴샤프트 학생들이 예감한 그대로, 그런 것이 전도유망한 그 학생들의 운명이었어. 그 학생들은 자신들이 필요로 하던 지도자를 결코 발견하지 못했어. 점차 그들은 서로를 의심하게 되었으며 따라서 불만도 더 커졌으며 단결력도 느슨하게 풀렸어. 모든 것이 너무 빨리 일어났던 거야. 불행한 실수들은 그들 중에 대담한 천재가 없다는 사실을 드러냈어. 그들에겐 지도자가 없었던 거야. 지도자의 부재가 그들을 파괴해 버린 거야.

"젊은 친구들아, 다시 되풀이하는 것을 용서해 주렴. 모든 교육은 오늘날 모든 사람들이 '학문의 자유'라고 침이 마르도록 칭송하고 있는 것과 정반대의 것으로 시작해. 교육은 복종과 종속, 훈련, 예속으로 시작하는 거야. 그리고 훌륭한 지도자들이 추종자를 필요로 하듯이, 따르는 사람에게도 지도자가 필요한 법이야. 정신의 계급조직에는 어떤 상호적인 경향이 지배하고 있어. 그래, 일종의 예정된 조화 같은 것이 있어. 모든 사물들이 자연스레 끌리는 영원한 계급제도 같은 것이 있는데, 지금 왕관에 앉아 있는 소위 '문화'가 파괴하고 뒤엎기로 한 것이 바로 이 계급제도야. 이 '문화'는 지도자들을 강제로 예속 상태로까지 끌어내리기를 원하거나 지도자들을 모조리 죽여 버리기를 원해. 이 '문화'는 길가에 숨어 있다가, 자신들을 이끌어줄 사람을 찾아 이리저리 돌아다니는, 추종자의 운명을 타고난 사람들을 불러 세우고 있어. 그러다 이 '문화'에 중독되면, 추종자의 운명을 타고난 사람들이 지도자를 찾으려는 본능까지도 약화되고 말아. 이 모든 것들에도 불구하고 지도자와 추종자들이 상처 입은 상태에서 마침내 서로 만날 때, 불멸의 수금(竪琴)의 현들처럼 서로 반향하는 그런 깊고 감격적인 축복이 일어날 거야.

"그 축복의 감정을 전하려니 비유를 빌리는 수밖에 없네. 콘서트 리허설 현장에 가서 독일 오케스트라 단원들의 움직임을 유심히 살펴 본 적이 있는가? 특별해 보이기도 하고, 무기력해 보이기도 하고, 마음이 따뜻해 보이기도 하는 인간 군상을 말이다. '형상'이라는 변덕스런 여신이 마치 요술을 부린 것처럼 보이잖아! 여기서 잠시 자네들이 귀가 들리지 않고 음악과 멜로디의 존재에 대해서 꿈도 꿔 본 적이 없다고 상상해 보자. 그런 상태에서 자네들에게 오케스트라의 움직임을 순전히 육체적인 공연으로만 평가해 달라고 부탁한다고 상상해 보자. 이상화하는 음악적 효과로부터 자유로운 가운데서, 자네들이 인간을 풍자적으로 그린 중세의 목판화처럼 조잡한 이 코미디를 제대로 평가하는 것은 절대로 불가능할 거야.

"훌륭한 지휘자가 주어진 임무를 충실히 수행하고 있는 오케스트라 앞에서, 이제 자네들의 청각이 돌아오고, 눈이 활짝 열린다고 상상해 보자. 그러면 무성의 코미디는 사라질 거야. 자네들의 귀에 음악이 들릴 거야. 그럼에도, 훌륭한 지휘자가 단원들과 소통하고 있는 것이 그저 지루하게 들릴 뿐이야. 자네들에게 보이는 것은 축 늘어지고 연약한 것들뿐이고, 들리는 것은 부정확한 리듬과 그저 평범한 멜로디, 사소한 감정 표현뿐이야. 자네들에게, 오케스트라는 하나의 군중에 지나지 않아. 아주 귀찮지는 않지만 그래도 어느 정도 거슬리는 그런 군중이야.

"그러나 이젠 자네들이 상상의 나래를 활짝 펴고, 이 군중 속에 천재를, 진정한 천재를 한 사람 앉힌다고 그려보자. 그러면 자네들은 그 즉시 믿기 어려운 변화를 지각하게 될 거야. 그 천재가 그곳의 영혼들에게 일종의 전염 같은 것을 일으키면서 실력이 다소 떨어지던 모든 단원들 속으로 들어간 듯한 변화가 일어날 거야. 그러면 단원들은 단 하나의 귀신의 눈으로 악보를 보는 것처럼 완벽한 조화를 이루게 될 거야. 이제 오케스트라를 다시 보고 듣도록 해 보라. 그래도 자네들은 완벽하게 듣지 못할 걸! 자네들이 오케스트라가 격렬한 감정의 소용돌이나 뜨거운 비탄에 빠져 있다고 느낄 수 있을 때, 오케스트라의 모든 움직임에 따르는 근육의 팽팽한 긴장과 리듬의 필연성을 느낄 수 있을 때, 그때서야 자네들도 지도자와 지도를 받는 사람들 사이에 미리 예정된 조화라는 것이 무엇인지를, 그리고 정신들의 계급 조직 안에서 모든 것들이 어떻게 이런 종류의 조직을 추구하게 되는지를 느끼게 될 거야. 나의 이 비유로부터, 자네들은 내가 이해하고 있는 진정한 교육이 어떤 것인지를 짐작하고 또 내가 현재의 대학을 절대로 그런 장소로 보지 않는 이유도 짐작할 수 있을 걸세."